近代中外关系系列

中英关系史话

A Brief History of
Sino-British Relations

孙 庆 / 著

社会科学文献出版社
SOCIAL SCIENCES ACADEMIC PRESS (CHINA)

图书在版编目（CIP）数据

中英关系史话/孙庆著. —北京：社会科学文献出版社，2011.5
（中国史话）
ISBN 978 - 7 - 5097 - 1700 - 4

Ⅰ.①中…　Ⅱ.①孙…　Ⅲ.①中英关系 - 国际关系史 - 研究　Ⅳ.①D829.561

中国版本图书馆 CIP 数据核字（2011）第 075986 号

"十二五"国家重点出版规划项目

中国史话·近代中外关系系列

中英关系史话

著　　者／孙　庆

出 版 人／谢寿光
总 编 辑／邹东涛
出 版 者／社会科学文献出版社
地　　址／北京市西城区北三环中路甲 29 号院 3 号楼华龙大厦
邮政编码／100029

责任部门／人文科学图书事业部　（010）59367215
电子信箱／renwen@ssap.cn
责任编辑／张晓莉　李淑慧
责任校对／李　睿
责任印制／郭　妍　岳　阳
总 经 销／社会科学文献出版社发行部
　　　　　（010）59367081　59367089
读者服务／读者服务中心（010）59367028

印　　装／北京画中画印刷有限公司
开　　本／889mm×1194mm　1/32　印张／5.75
版　　次／2011 年 5 月第 1 版　　字数／104 千字
印　　次／2011 年 5 月第 1 次印刷
书　　号／ISBN 978 - 7 - 5097 - 1700 - 4
定　　价／15.00 元

总　序

　　中国是一个有着悠久文化历史的古老国度，从传说中的三皇五帝到中华人民共和国的建立，生活在这片土地上的人们从来都没有停止过探寻、创造的脚步。长沙马王堆出土的轻若烟雾、薄如蝉翼的素纱衣向世人昭示着古人在丝绸纺织、制作方面所达到的高度；敦煌莫高窟近五百个洞窟中的两千多尊彩塑雕像和大量的彩绘壁画又向世人显示了古人在雕塑和绘画方面所取得的成绩；还有青铜器、唐三彩、园林建筑、宫殿建筑，以及书法、诗歌、茶道、中医等物质与非物质文化遗产，它们无不向世人展示了中华五千年文化的灿烂与辉煌，展示了中国这一古老国度的魅力与绚烂。这是一份宝贵的遗产，值得我们每一位炎黄子孙珍视。

　　历史不会永远眷顾任何一个民族或一个国家，当世界进入近代之时，曾经一千多年雄踞世界发展高峰的古老中国，从巅峰跌落。1840 年鸦片战争的炮声打破了清帝国"天朝上国"的迷梦，从此中国沦为被列强宰割的羔羊。一个个不平等条约的签订，不仅使中国大量的白银外流，更使中国的领土一步步被列强侵占，国库亏空，民不聊生。东方古国曾经拥有的辉煌，也随着西方列强坚船利炮的轰击而烟消云散，中国一步步堕入了半殖民地的深渊。不甘屈服的中国人民也由此开始了救国救民、富国图强的抗争之路。从洋务运动到维新变法，从太平天国到辛亥革命，从五四运动到中国共产党领导的新民主主义革命，中国人民屡败屡战，终于认识到了"只有社会主义才能救中国，只有社会主义才能发展中国"这一道理。中国共产党领导中国人民推倒三座大山，建立了新中国，从此饱受屈辱与蹂躏的中国人民站起来了。古老的中国焕发出新的生机与活力，摆脱了任人宰割与欺侮的历史，屹立于世界民族之林。每一位中华儿女应当了解中华民族数千年的文明史，也应当牢记鸦片战争以来一百多年民族屈辱的历史。

当我们步入全球化大潮的 21 世纪，信息技术革命迅猛发展，地区之间的交流壁垒被互联网之类的新兴交流工具所打破，世界的多元性展示在世人面前。世界上任何一个区域都不可避免地存在着两种以上文化的交汇与碰撞，但不可否认的是，近些年来，随着市场经济的大潮，西方文化扑面而来，有些人唯西方为时尚，把民族的传统丢在一边。大批年轻人甚至比西方人还热衷于圣诞节、情人节与洋快餐，对我国各民族的重大节日以及中国历史的基本知识却茫然无知，这是中华民族实现复兴大业中的重大忧患。

中国之所以为中国，中华民族之所以历数千年而不分离，根基就在于五千年来一脉相传的中华文明。如果丢弃了千百年来一脉相承的文化，任凭外来文化随意浸染，很难设想13亿中国人到哪里去寻找民族向心力和凝聚力。在推进社会主义现代化、实现民族复兴的伟大事业中，大力弘扬优秀的中华民族文化和民族精神，弘扬中华文化的爱国主义传统和民族自尊意识，在建设中国特色社会主义的进程中，构建具有中国特色的文化价值体系，光大中华民族的优秀传统文化是一件任重而道远的事业。

当前，我国进入了经济体制深刻变革、社会结构深刻变动、利益格局深刻调整、思想观念深刻变化的新的历史时期。面对新的历史任务和来自各方的新挑战，全党和全国人民都需要学习和把握社会主义核心价值体系，进一步形成全社会共同的理想信念和道德规范，打牢全党全国各族人民团结奋斗的思想道德基础，形成全民族奋发向上的精神力量，这是我们建设社会主义和谐社会的思想保证。中国社会科学院作为国家社会科学研究的机构，有责任为此作出贡献。我们在编写出版《中华文明史话》与《百年中国史话》的基础上，组织院内外各研究领域的专家，融合近年来的最新研究，编辑出版大型历史知识系列丛书——《中国史话》，其目的就在于为广大人民群众尤其是青少年提供一套较为完整、准确地介绍中国历史和传统文化的普及类系列丛书，从而使生活在信息时代的人们尤其是青少年能够了解自己祖先的历史，在东西南北文化的交流中由知己到知彼，善于取人之长补己之短，在中国与世界各国愈来愈深的文化交融中，保持自己的本色与特色，将中华民族自强不息、厚德载物的精神永远发扬下去。

《中国史话》系列丛书首批计200种，每种10万字左右，主要从政治、经济、文化、军事、哲学、艺术、科技、饮食、服饰、交通、建筑等各个方面介绍了从古至今数千年来中华文明发展和变迁的历史。这些历史不仅展现了中华五千年文化的辉煌，展现了先民的智慧与创造精神，而且展现了中国人民的不屈与抗争精神。我们衷心地希望这套普及历史知识的丛书对广大人民群众进一步了解中华民族的优秀文化传统，增强民族自尊心和自豪感发挥应有的作用，鼓舞广大人民群众特别是新一代的劳动者和建设者在建设中国特色社会主义的道路上不断阔步前进，为我们祖国美好的未来贡献更大的力量。

陈奎元

2011 年 4 月

⊙孙 庆

作者小传

　　孙庆，1964 年生于安徽芜湖，毕业于南京大学，获硕士学位。现为南京晓庄学院外国语学院副教授。主要研究课题涉及世界历史、世界宗教、国际关系和外语教学。在国内各级刊物上发表论文多篇，主要著述有：译著《牛津基督教史》(贵州人民出版社，1995)、《伊索管理寓言》(首都师范大学出版社，2007)、《汉唐神威的中国》(台湾格林国际图书，2009)等；著作《英国革命》、《诺曼征服》、《西方民主制度》(台湾莎士比亚出版社，2007，2008，2009)等。

目 录

一　中英关系的开端

中国早期的对外关系

中国是世界上文明发达最早的国家之一，中国同其他国家和民族很早就有了接触和交往。由于地理的关系，中国同周边亚洲国家和民族发生关系最早，也最为频繁。总的来看，古代中国和周边国家之间的关系，主要是人民之间和平的商业和文化交流。中国高度发达的封建文化促进了周边邻国的文化发展，并对世界文明的发展也作出了贡献；同时，中国还不断从这些国家吸收它们在经济和文化上的成就，丰富了中华民族的精神生活和物质生活的内容。

到15世纪，明王朝统治下的中国是东方的泱泱大国，经济繁荣，国力强盛。但是，封建主义的中国又是自给自足的自然经济占统治地位，重本抑末，重农轻商，一贯奉行闭关锁国、厉行海禁的政策，以致民间性质的或规模较大的海外贸易几乎没有。当然，封建统治者为了增加王朝财富，吸收海外奇珍异宝供己享受，一方面厉行海禁，一方面却维持着以朝贡方式进行的官方贸易。南方重要港口城市广州，随着这种海外贸易的发展，逐渐成为中国对外贸易的中心。当时，西亚、北非等地的商船趁着西南季候风向中国航行，冬季又趁着北季候风，从中国沿海起程，穿过马六甲海峡，向印度洋沿岸航行返回。中国政府在与这些友好国家的贸易往来中，规定了3年一贡或5年一贡的朝贡形式，对于朝贡船只的数目、随员人数、物品种类数额等都有规定。贡品一般为各种香料、海珠、宝石、稀有禽兽和手工业产品等，而海外各国也大量从中国采购丝绸、茶叶、工艺品等物产出口。显然，这是一种以中国为中心的海外贸易形式，在这个朝贡体系中是没有西方国家参与的。

但是，从16世纪起，葡萄牙、西班牙、荷兰进而是英国等西方国家，开始相继开拓与中国的贸易关系，中外关系也随着发生了根本性的变化。

② 1834 年前中英贸易关系

正当清政府加强它的闭关政策的时候，英国作为当时拥有广大海外殖民地的第一个资本主义强国，随着蒸汽机的使用，现代工业得到了突飞猛进的发展，从而带动了海外贸易的进一步开拓。因此，开辟新的商品市场便成为英国资本家极为强烈的要求。

18世纪中叶以前，在广州和中国发生贸易关系的西方国家中，在贸易额上没有一个是具有绝对优势的。从各国来华商船在广州的到港数量来看，1736年西方各国来华商船共 12 艘，其中英国 5 艘，法国 3 艘，荷兰 2 艘，瑞典和丹麦各 1 艘。自从英国产业革命以后，英国开始在中国对外贸易中占有绝对优势。以 1775 年为例，全年到达广州港的 38 艘外国商船中，英国船只占有 24 艘。18 世纪初中英贸易总额每年为白银 50 万两左右，但到 18 世纪末已激增至 1000 万两以上，约占中国对欧美各国海外贸易总值的 80%。18 世纪中叶以后，英国对华贸易的迅速增长和它在中国对外贸易中所占据的绝对优势，充分反映了产业革命以后英国工业资本追求中国市场的迫切要求，从而也促使英国资本主义充当起西方资本主义侵略中国的急先锋。

早在 1600 年，英国为了开辟与中国和印度的贸易，由女王批准成立了"伦敦东印度官商贸易公司"，到 1702 年，它和另一家"英国东印度贸易公司"合并，成立了"东印度公司"。东印度公司实际上是由英国大商人、大资本家控制的，享有政治特权的，并且长期垄断对华贸易的企业。东印度公司在 1650～1660 年间开始派遣船只到广州开展贸易，但由于清政府的"闭关政策"和葡萄牙人的一再阻挠，进展不大。1685 年清朝开放海禁，英国人才获准进入广州开设商馆。直到 1715 年，东印度公司决心整顿对华贸易，以期取得较大进展。他们开始在广州建立拥有固定人员编制的商馆，并规定定期派遣商船来华贸易。通过与中国官员和商人的谈判，双方达成贸易协议，从此以后，英国人放弃了其他地区的商馆，广州商馆便成为英国对华贸易的中心。直到鸦片战争爆发，英国的对华贸易实际上就是东印度公司的对华贸易，具体的就是广州商馆的贸易。

广州商馆开设之后，中英经济往来日益密切，贸易逐渐发展。从东印度派遣到广州港的商船吨位来看，1711～1750年40年间，总吨位由690吨增到2350吨；在进出口总值方面，英国对华出口总值1699年为32086英镑，到1751年则达到161092英镑，增长了4倍以上；英国对华进口总值1699年为白银45928两，到1751年则增至1000万两，增长多达20.8倍。东印度公司既然掌握着对华贸易的垄断权，也就负有为英国工业推销产品的义务。所以，英国议会在授予东印度公司对华贸易专利权的同时，规定了一项条件：公司船只每次装运出口货物，其中必须至少有1/10的英国产品。在国内制造商的压力下，东印度公司极力谋求为英国工业产品，特别是毛纺品，打开中国市场。

随着中英贸易的发展，商品结构发生了变化。18世纪以前，中国出口商品主要是白糖、蜜饯、陶瓷、纸、锅、铜、铁和货币，18世纪开始后，则以出口茶叶、丝、棉布、瓷器为主，其中茶叶贸易占首位。英国对华出口，18世纪以前以锡、铅、白檀、洋布和胡椒为主，18世纪以后主要为铅、锡、铜、毛呢、棉花和金银，其中金银占首位。从这种贸易变化中不难看出，在一般商品的贸易中，中国始终处于出超国的有利地位。这是因为中国自给自足的封建经济顽强地抵抗着外国工业品的大量输入，同时中国出产的茶叶、丝等为外国市场所需要，出口数量每年增长很多。例如英国纺织工业的高速发展，急需为其庞大的毛纺产品寻求销售市场，但在中国，土布具有顽强的竞争力，毛纺品极难推销，几乎没有市场。相反，中国的茶叶却很快占领英国市场。1664 年中国输入英国的茶叶仅 2 磅 2 盎司，到 1783 年则达到 585 万磅多，1785 年更多达 1500 万磅以上，19 世纪 20 年代每年平均为 3000 万磅。茶叶不仅是英国的必需品，而且是东印度公司的大利所在和英国政府的大宗税源。英国茶税一再增加，1793 年为 60 万镑，1833 年为 330 万镑，成为英国政府的主要财源之一。但是，就贸易总额来看，中英贸易之间存在着巨大的不平衡。1781～1790 年间，中国输英的商品仅茶叶一项，即达到 9600 多万银元，而英国输华的商品，1781～1793 年间，包括毛织品、棉布、棉纱、金属全部工业品在内，总共才 1687 万银元左右，只及上述茶价的 1/6。资本主义的发展与成熟，迫切要求增加新的市场，用商品向国外取得巨额利润，但是英国对华贸易的巨大逆差说明，英国资产阶级企图利用一般商品来打开中国大门，没有获得成功。

马戛尔尼使团和阿美士德使团

为了进一步扩大对华贸易，并试图改变对华贸易的不利地位，在东印度公司的怂恿和资助下，英国政府决定派遣使节到中国，以期通过外交途径来达到打开中国市场的目的。

1792 年，英国政府派遣马戛尔尼出使中国，并为此做了仔细准备。在人选上，英政府认为中国素来轻视商业，使者选择应是和商品无关但又官爵较高的人员，要既富有办理殖民地外交的经验，又必须了解东方人的心理。马戛尔尼曾做过驻俄公使、爱尔兰事务大臣和印度的省长，所以英政府认为他是合适的人选。为了向中国炫耀英国国力的强盛，使团来华乘坐装配64尊炮位的军舰"狮子"号，并有"印度斯坦"号和"豺狼"号两条供应船随行，使团由从步兵、炮兵中选拔组成的一支50人的卫队护送。同时，英国使团还携带了一批为中国皇帝所爱好并足以表现英国科学工艺水平的礼品。

马戛尔尼使团出发前，英国政府专门发出指示，明确此行目标除扩大贸易额之外，还要达到"外交代表常驻北京"，中方"在茶丝产地或毛织品销售区割让一个地方供英商居住，并允许享有刑事裁判权"等目的。东印度公司也向使团下达了训令，要求为公司谋取新的贸易利益，同时"获得一个像澳门那样的居留地为贸易港"。显然，英政府和东印度公司的指示精神是一致的，即不仅要扩大对华贸易，而且企图侵占中国领土。

马戛尔尼使团于1792年9月26日从英国起程，1793年8月5日到达天津大沽口。对英使来访，清廷方面满以为是专为祝贺乾隆帝80岁寿诞而来，因而对使团一行招待甚为殷勤。直隶总督亲自到大沽口迎接，并对使团所需一切均免费供应。但是，从马戛尔尼使团到达天津之后，使团的外交使命和中国政府的固有政策之间的矛盾，就逐渐暴露出来了。马戛尔尼意欲与中国平等论交，缔结条约，扩大贸易，占领居留地；而清廷却把他当做一般向化归附的使者。当船队转入内河行进时，被清朝官员在船头插上"英吉利贡使"的旗帜，此后又一再要求马戛尔尼觐见皇帝时要行三跪九叩大礼，双方因此发生"礼仪之争"。最后乾隆帝勉强同意马戛尔尼以觐见英王的最高礼仪，即免冠鞠躬屈一膝来觐见中国皇帝。这一切，引起了乾隆帝对使团的厌恶，进而怀疑其动机叵测，提高了防范之心。因而乾隆帝不仅在接待上只是应付了事，而且还下令大幅度减少中英贸易额。

1793年9月14日，马戛尔尼到热河避暑山庄觐见乾隆帝。觐见期间，马戛尔尼多次向陪同大臣和珅提及使团的使命，但都被和珅借故推托，不予答复。此后，马戛尔尼回到北京，又专门写信给和珅，提出6点要求：①开放舟山、宁波、天津三地贸易；②允许英商在北京设立货栈；③舟山附近一岛给英商使用；④广州附近一岛亦给英商使用；⑤英国货物从澳门运到广东减免税收；⑥公布税则，不征附加税。对于马戛尔尼提出的要求，乾隆帝专门给英王写敕书，不仅完全拒绝了这6点要求，而且外加了一条禁止英人在华传教。马戛尔尼使团几乎是一无所获，徒劳往返。

马戛尔尼的使命未能实现，但经过这样一次正式交涉，中英彼此都增加了对对方的认识。清政府认识到英国并不"恭顺"，而且来意不善；而英国方面也看到，单凭狡诈的外交手段难以达到其侵略和扩张的目的。

1793～1815年，英国集中力量对法作战；1815年拿破仑战争结束后，英国又重新关注扩大对华贸易的问题。1816年，英政府再次派遣阿美士德使团来华。

阿美士德来华时与马戛尔尼来华时情形已大为不同。清政府对英人的侵略意图已有所警觉，对英国使者并不欢迎。英国方面也认识到与中国交涉极为困难，因而也不得不放低要求。为此，英国外交大臣在给阿美士德的训令中指出，这次遣使旨在促进中英贸易的发展，并要达到4点目的：①对东印度公司的通商权利作详细规定，以免地方官员非法勒索；②通商不能因细故而停止，公司可与任何华商贸易；③中国官员不得侮辱英商，不得擅入公司所租用的商馆，公司可自由雇用仆役；④中国在北京指定一个衙门，以便公司经理或英国驻京代表与它文件往来，英人致中国政府的文件可用中国文字。以上这些要求如能实现，英国在广州的贸易就可得到更大的方便，并为此后的扩张打下基础。

清政府在获悉英国使团即将访华后，预先做了防范准备。1816年8月28日，阿美士德到达北京，就在觐见清帝的礼仪问题上与清朝官员争吵不休，甚至推托有病未按时觐见。对此，嘉庆帝认为这是对自己的最大侮辱，便于8月30日降旨将使团驱逐出境。嘉庆帝还致信英王，断然指出："嗣后毋庸遣使远来，徒烦跋涉。"其用意是要断绝中英两国的外交往来。事实上，礼仪之争并不是中英关系中的真正症结，其根本矛盾是英国资本主义立意要打开中国市场，而中国封建统治者却坚持闭关自守。

英国政府两次遣使失败，朝野上下议论纷纷，英国资产阶级更是大为不满。一般认为，英国对华关系有三种抉择：一是服从中国规例，维持贸易现状；二是放弃贸易，撤离中国；三是发动战争，用武力迫使中国开放。事实上，马戛尔尼在访华失败后，就竭力主张以武力手段达到在华扩张的目的，他认为中国政府腐朽，不堪一击，英国用半打舰炮就可摧毁虎门炮台，控制珠江口，建立居留地。因此，英国政府也愈加倾向用武力打开中国的大门了。

4 可耻的鸦片贸易和中国 早期的禁烟斗争

长期以来，在中英正当商品贸易中，中国一直居于出超的地位。1804 年以前，东印度公司每年须从欧洲将大量白银输入中国，以填补对华贸易的逆差。为了改变这种情况，英国找到了印度出产的鸦片，以之代替白银。他们发现鸦片不但比工业品易于推销，而且还可以毒害中国人民的身心健康，有助于英国实现其奴役中国人民的侵略野心。

在西方殖民国家中，最早向中国贩卖鸦片的是葡萄牙和荷兰，他们以澳门为据点，向中国内地输入鸦片，不过数量不大。英国贩卖鸦片为时较晚，1727 年英国运华鸦片约 200 箱。1757 年英国占领印度鸦片产地孟加拉，10 年以后，运到中国的鸦片增加到 1000

箱。1773 年是英国对华鸦片贸易史上十分重要的一年。英国印度当局在这一年确立了鸦片政策，为了保证这一政策的充分实现，它给予东印度公司在印度的鸦片专卖权；1797 年，东印度公司又取得制造鸦片的特权。从此以后，英国对华鸦片贸易，就在这个垄断机构的操纵下，一步步发展起来。到 1790 年，外国输入中国的鸦片达 4054 箱 45 万斤以上，其中英国占绝大多数。

英印政府的鸦片政策在第一任印度总督哈斯丁斯的声明里说得十分露骨。1773 年哈斯丁斯宣称："鸦片不是生活必需品，而是一种有害的奢侈品。除仅仅为对外贸易的目的外，它是不被容许的。明智的政府应该严格限制鸦片的国内消耗。"显然，哈斯丁斯明确认识到鸦片的有害性，要求严格限制它的国内消耗；但与此同时，为了扩大对外贸易，实际上就是对华贸易，又对鸦片的生产和销售大加鼓励。此后的历任印度总督均奉行这个罪恶的原则。

东印度公司取得鸦片的专卖权和制造特权以后，就不择手段地扩大鸦片输出。从强迫农民种植到鸦片的加工制造和公开拍卖，均由公司一手包揽。鸦片制成后，东印度公司通过国家官吏，在加尔各答市场拍卖给商人，然后偷运到中国。1796 年清政府宣布鸦片为违禁品，禁止输入。东印度公司为了顾全对华贸易，表面上停止了贩运鸦片，实际上把这个非法贸易转移到散商手中，他们使用走私、贿赂等手段，继续大量对华输入鸦片，甚至愈演愈烈，毫无收敛。

鸦片贸易使英印政府、东印度公司和鸦片贩子们都获得了巨额的不义之财。据 1835～1838 年的统计，英印政府平均每年征收鸦片税利高达 1000 万卢比，折合白银约 520 万两，约占当时英印政府全部收入的 6%～7%。东印度公司也从鸦片专卖中获取暴利，以 1813 年为例，每箱上等鸦片的成本约 237 卢比，而在印度拍卖的价格则高达 2428 卢比，两者相差 10 倍，东印度公司从中获得约 2/3 的利润。由英国散商充当的鸦片贩子也从中大发其财。鸦片战争前，鸦片贸易比一切合法贸易都容易做，它偷运进口，逃避了关税；而且购买鸦片的货款都是预付的，决不会出现拖欠或倒账。1817 年，每箱上等鸦片的拍卖价为 1785 卢比，在中国卖价为 2618 卢比，两者相差 833 卢比，约合银洋 400 多元。当时英国最大的鸦片贩子查顿在私信中说，在最好的年头，鸦片利润高达每箱 1000 银元。而另一个鸦片贩子泰勒说："鸦片同金子一样，任何时候我都能卖掉。"

在英国政府、东印度公司和鸦片贩子竭力发展鸦片贸易的情况下，鸦片输入逐步递增，烟毒迅速在中国蔓延、泛滥起来。1830 年后，鸦片走私从广州发展到东南沿海，一直到直隶和东北沿海一带。据统计，1800 年输入鸦片为 4570 箱，1822 年为 7773 箱，1831 年为 16550 箱，到 1834 年高达 21885 箱，1838 年又激增至 40200 箱的惊人数字。1835 年，全国吸食鸦片的人数已达 200 万，其中包括官僚、贵族、地主、将领、商人、普通百姓，甚至军队中也是烟毒泛滥。

由于鸦片大量倾销中国市场，1804 年以后，英国对华贸易已从逆差变为顺差，白银开始倒流。1827～

1828 年，中国对英输出总值为 18136062 元（其中包括白银 6094646 元），而英国和印度对中国输出总值为 20364000 元，其中鸦片占 11243496 元，占英国对华输出总值的一半以上。鸦片输入的激增引起白银的大量外流。1833～1834 年，仅广州一地净流出白银就达到 4340589 两，其他如福建、浙江、山东、天津各地港口，白银外流的总数亦达到数千万两。白银的大量外流在国内造成了银贵钱贱的现象，1798 年白银一两换制钱 1090 文，到 1838 年可换 1637 文，这样就使当时以银两计征的税捐无形中加重了许多。同时，"银荒"也严重地影响了清政府的财政收入，各省的地、丁、盐、漕等税银都有拖欠，清政府的国库存底日见减少，因而更加紧了对人民的盘剥和榨取，使人民的生活益加困苦，反清情绪更为高涨，社会危机日趋严重。

鸦片流毒于中国由来已久，清政府对鸦片的毒害并非无知，早在 1729 年（雍正七年）就曾颁令禁止吸食鸦片，以后并多次下令禁止入口。但这些法令往往形同虚设，烟毒泛滥不仅没有得到遏制，反而变本加厉，关键的是上自皇帝下至港口小吏都从鸦片走私贸易中直接或间接地得到好处，因此从未认真执行过禁烟法令。直到 19 世纪 30 年代，由于白银外流造成了财政上的困难和社会的动荡不安，危及清政府的统治地位时，禁烟问题才受到统治阶级的比较认真的考虑。

但是，在清政府内部，对于禁烟问题存在着严重的分歧。以太常寺少卿许乃济为代表的一派公然主张鸦片合法进口，以增加税收，并提出以自种鸦片来抵制鸦片的输入，阻止白银的外流。这种主张完全从清政府的财政利益出发，丝毫不顾鸦片对人民的危害。另一派以湖广总督林则徐为代表，主张严禁鸦片，并对吸食和贩卖鸦片的人严刑重治。林则徐在湖广任内时，在武昌、汉口就查缴烟土1.2万两，在湖北、湖南收缴烟枪5500多支，取得了一定成效。他指出，鸦片之危害，"若犹泄泄视之，是使数十年后，中原几无可以御敌之兵，且无可以充饷之银"。这一主张在客观上符合人民的利益，同时也是对帝国主义侵略的一种反击。在弛禁和严禁两派之间，还有一派以大学士穆彰阿为代表，他们借鸦片走私贸易大捞好处，因而他们既反对弛禁，更反对严禁，主张维持现状，听任鸦片继续流毒全国，并听由英国继续从中牟取暴利。他们从卑鄙的个人利益出发，在这个对外关系的重大问题上采取投降政策。事实上，清政府之所以终于决定要执行禁烟，完全是出于对自身统治利益的考虑。鸦片由外国商人走私入口，要严加禁绝首先必须对付鸦片贩子，然而清政府在制定禁烟法令的过程中，一般只注重取缔和惩办吸食、贩卖和开设烟馆的人，基本上没有研究如何打击鸦片走私贩子。从1836年起，经过两年多的争论，道光帝终于采纳了林则徐的严禁主张。1838年12月31日，道光帝派遣林则徐为钦差大臣，专赴广州办理禁烟事宜。

二 鸦片和炮舰

英国对华政策的变化

19世纪30年代清王朝进入道光帝统治时期，清朝在关内建立政权已近200年。此时封建统治者愈加骄奢腐化，政治统治黑暗残酷，整个官僚机构和武装力量陷于腐朽瘫痪之中。在封建统治的重重压迫和束缚之下，中国社会经济停滞不前，人民生活十分困苦。自19世纪初叶起，各族人民反清起义连绵不断，清政府为了巩固封建统治秩序，害怕外来势力和人民革命力量结合起来反对自己，对外更坚持闭关政策，以致闭目塞听，远远落后于世界历史发展潮流。

而19世纪30年代世界资本主义正处在上升阶段，尤其是英国已成为当时最发达的资本主义国家。在中英贸易不断发展的过程中，英国资本主义工业凭借其生产技术上的优势，在本国市场和中国市场上，逐步排挤封建经济下的中国手工业，并从中国人民身上榨取了越来越多的利润。尽管如此，这种情况仍然远不能满足英国工业资本家的贪欲，他们也不甘心让东印度公司在华贸易上继续专利垄断。1833年8月，在改革后的议会里，由于英国工业资产阶级不断施加压力，议会通过了废止东印度公司对华贸易专利权的法案，同时决定派遣商务监督到中国，以取代东印度公司的"大班"（东印度公司驻广州代表的称呼），执行英国的侵华政策。

1834年4月17日，东印度公司对华贸易的垄断权利期满中止，同年7月15日，第一任英国派驻中国的商务监督律劳卑到达中国。从此，中英关系进入了一个新阶段：工业资本利益代替了商业资本利益，成为支配英国对华政策的主导力量。在此以前，作为一个商业资本集团的东印度公司，其利益不仅在于扩大对华输出，而且更重要的是要维持和扩大从中国输入茶叶的巨大利润，因此它还不愿使中英之间的和平关系中断，而现在的工业资本家，首要的利益是不惜一切手段扩大工业制成品的输出。因此，1834年以后英国的侵华政策就更加穷凶极恶。

律劳卑到达中国后，秉承英国政府的训令，一再向中方寻机挑衅，试图打破以往两国通商的惯例。在遭拒绝后，他竟率英国军舰炮击虎门炮台，闯入珠江口，进行武力威胁，后在行商和英商的斡旋下，才被迫退出。律劳卑不久病死在澳门。这一事件表明，1834年以后英国已经转向使用武力侵华的方针。律劳卑的继任者德庇时和罗宾臣也继续奉行以武力打开中国大门的政策。德庇时认为，对中国使用武力一定会得到美、法、荷等国的支持；罗宾臣则主张占领中国沿海岛屿，这样既对英国贸易有利，又能打击中国的骄气。

1836 年 12 月，英国派遣义律出任商务监督。此时，清政府开始比较严格地执行禁烟法令，危及英国对华的鸦片输入。对此，义律主张英国应使用一切手段加以反对。1837 年 2 月，他向英国驻印度海军司令建议，派军舰到中国来保护鸦片贸易。英国政府不但批准了这一建议，而且一再训令义律，在和中国当局来往的形式上，要坚持不让。显然，英国政府已决意向中国进行武装挑衅，而鸦片问题恰好成为英国政府发动侵华战争的最好借口。

2 虎门销烟

1839 年 3 月 10 日，清政府派遣的禁烟钦差大臣林则徐到达广州。林则徐花了一个星期考察鸦片走私情况，18 日，下令外商交出鸦片，具结保证，以后来华商船永不夹带鸦片，否则一经查出，"货尽没官，人即正法"，限他们 3 天内答复。同时，为表示禁烟决心，林则徐向外国商人强调："若鸦片一日不绝，本大臣一日不回，誓与此事相终始，断无中止之理。"林则徐所采取的措施完全是必要的和正当的，因为鸦片是违禁品，通过走私入境，中国政府完全有权予以没收。但是，英国走私鸦片的 22 艘趸船早已闻风躲避，中国政府事实上已无法进行搜捕，只有责令他们自动交出鸦片。可是英国鸦片贩子一向把中国法令视同废纸，毫不尊重，更以为林则徐也如同其他贪官污吏一样，禁烟行动不过是虚张声势，意在敲诈，一旦得到好处，也就不了了之。所以英国鸦片贩子采取了敷衍违抗的态度。他们虚伪地表示以后决不再从事鸦片贸易，但交出鸦片则办不到。这个答复遭到了林则徐的严词驳斥，英商迫不得已，才答应交出 1037 箱鸦片，希望就此蒙混过关。林则徐禁烟决心很大，坚持不作让步，要求英商必须交出全部鸦片，并要求大鸦片商颠地入城为人质。英商拒不从命，义律也从澳门赶回广州，亲自庇护颠地。于是，林则徐即下令"封舱"，撤退"洋馆"中的中国雇员和仆役，并断绝了"洋馆"和外界的交通。采取这些措施后，外商被迫就范，最后由义律负责交出全部鸦片 20283 箱，共 2376254 斤。

1839 年 6 月 3 日，林则徐在虎门海滩亲自主持销烟。虎门海滩的高地上开掘了一个巨大的焚烟池，池中堆放鸦片，倾倒盐卤泡浸，随后又投入大量石灰，使鸦片汤沸自焚，最后打开焚烟池闸门，让溶化了的鸦片流入海中。这次行动，充分体现了中国人民反抗鸦片侵略的决心，使外国鸦片贩子大为震惊。销烟活动一直持续到 25 日。

林则徐在禁烟斗争中，讲求政策，掌握分寸。外国商人交出鸦片后，林则徐即下令解除封锁，恢复贸易。他始终认为，"鸦片必要清源，边衅也不容轻启"，所以在彻底执行禁烟的同时，对外仍尽可能谋求和平解决争端。首先，他对中外正常贸易完全不加阻挠。其次，他对守法和违法的外国商人采取区别对待的策略。外国商人交出鸦片后，他对每箱鸦片给予 5 斤茶叶作为补偿，对于依法具结的外船，一概准予进口恢复通商。这种区别对待的策略确实起到了分化的作用。到 1839 年 12 月，各国商船共有 62 艘遵照规定具结入口，甚至个别的英船也不顾义律的阻挠愿意具结入口。

虎门销烟大大震动了英国政府和英国资本家，他们决不甘心放弃鸦片贸易的巨额利益，并蓄意挑起战争。义律在被迫交出鸦片之后，拒绝具结，并拒绝接受给予英商的 1000 箱茶叶补偿。同时，他下令英商撤离广州，中止对华贸易，以加剧紧张局势，待机挑衅。1839 年 4 月 3 日，义律给英国外交大臣发出一封密信，极力主张以发动战争来对抗中国的禁烟运动，并提出了初步的侵华计划。其主要内容是：①采取先发制人的手段发动攻击，占领沿海港口；②向中国发出最后通牒，进行敲诈勒索，要求中国政府惩办林则徐和另一位禁烟大臣邓廷桢；③要求中国政府给予金钱赔偿并割让舟山岛；④要求开放广州、宁波、厦门、南京等港口，等等。

义律这个顽固的殖民主义者的建议，为以后签订的南京条约定下了基调。虎门销烟之后，英国曼彻斯特、伦敦的商人也纷纷上书外交大臣巴麦尊，不断提出武力侵华的要求。

中英关系的不断恶化，导致对抗和冲突日益加剧。1839 年 7 月 7 日，英国水手在九龙尖沙咀行凶，致使中国村民林维喜重伤身死。林则徐多次责令义律交出凶手，但义律拒不答应，并擅自成立所谓"法庭"，"审判"肇事凶手。这是侵犯中国司法权的严重挑衅行为。林则徐对此进行了针锋相对的抗争，他下令葡萄牙当局将全体英人逐出澳门。这时一艘英国军舰从印度抵达香港，义律有了武力后盾，更加猖狂。1839年9月4日，他在九龙强买食物不成，竟开炮轰击中国兵船，引起一场战斗。次日，义律在给英国外交大臣巴麦尊的报告中，承认他"对这第一炮的开出负有责任"。1839年11月3日，英舰又在穿鼻洋面向中国水师进行炮击，挑起又一场海战，但再次遭到失败。事实上中英双方已进入战争状态。

林则徐虽致力于和平解决双方争端，但对抵抗英国侵略者的挑衅，也做了充分的准备。他向外国购置了200尊大炮，加强虎门炮台的防御，并整顿水师，仿造欧式多桅战船。他认识到"民心可用"，因而发动民众，将渔民壮丁5000多人编成水勇，积极备战，抵御外侮。

英国政府坚持既定方针，力图扩大事态，挑动战争。1839年10月18日，巴麦尊秘密通知义律，英国政府准备派兵远征中国。1840年2月20日，英政府正式下令，任命海军少将乔治·懿律和义律为正副全权代表，统率军队来华。巴麦尊训令英军封锁广州，占领舟山，企图以此强迫清政府答应赔偿烟款、割让海岛、订立条约等项无理要求。同一天，巴麦尊向中国政府发出照会。这实际上是最后通牒，意在进一步施以恫吓。

英政府在一切政策都确定之后，始于1840年3月19日由巴麦尊向国会报告对华侵略问题。国会进行了激烈的辩论，著名激进派政治家格拉斯东也不得不承认，林则徐禁烟是正当的，很难掩饰这一战争的非正义性。但是，英国国会最终仍以 271 对 262 的多数票同意英政府发动侵华战争。

3 第一次鸦片战争——不宣而战

1840 年 6 月 21 日，英国东方远征军相继到达广州海面。这支侵略军由 48 艘船舰组成，其中军舰 16 艘、大炮 540 门，汽船 4 艘，运兵舰 1 艘，运输船 27 艘，陆海军士兵 4000 人。英国就这样开始了对中国的不宣而战。

侵华英军鉴于此前在广东地区的冲突中屡遭败绩，深知林则徐早有准备，难以对抗，便避免在广东作战。他们封锁珠江口，调动船舰沿海北上，进攻福建。但新任闽浙总督邓廷桢也有戒备，在厦门抗击来犯英舰，迫使英军大败而逃。当时中国除广东及福建外，沿海军备十分空虚。英军乘机北犯，1840 年 7 月 6 日攻陷定海，8 月 9 日到大沽口，直接威胁北京。8 月 19 日，巴麦尊致信中国政府，要求赔偿烟款、割让一岛或数岛、赔偿行商所欠英国债务、赔偿军费等。

面对严峻的军事形势，清政府张皇失措，首先是道光帝心惊胆战，而投降派穆彰阿、琦善、伊里布、耆英等乘机大肆活动，以"禁烟过激"、"断绝贸易启衅"等罪名群起攻击林则徐。英军北犯至白河以后，直隶总督琦善一味强调敌人"船坚炮利"，难以取胜，主张采用"好言相诱"的办法对付英军，也就是对敌人屈膝投降。琦善在给懿律的照会中表示，如果英军肯返回广东，就会有满意结果。琦善在交涉中的态度是200年来清政府对外态度从倨傲自大到屈辱投降的重大转变的开始。英国侵略者看到威胁政策已经奏效，自然相当满意。加上北方天已寒冷，兵船不宜久留，军士中疾病流行，所以答应双方到广州谈判。1840年9月15日，英船折返南方。

清政府认为琦善退敌有功，任命他为钦差大臣，赴广东继续负责和英国侵略者办理交涉，同时将林则徐、邓廷桢撤职严加议处。琦善到达广州是1840年11月29日，他首先拆除虎门一带的海防工事，解散了防守海口的水勇壮丁，裁减水师船2/3。这种削弱防守的措施，更加助长英国侵略者的嚣张气焰。12月中旬，中英谈判重开，义律又提出赔偿烟款和军费，以及在沿海割让一个口岸作为交还定海的条件，琦善对英方要求大多表示接受，只有割地一事不敢做主。道光帝接到琦善的奏报后，深感意外，于是对英国的态度又转向强硬。12月26日，道光谕令琦善：英国人气焰嚣张，难以理喻，我们的方针应该是一方面与之论说，一方面准备多方羁绊，使英人稍有疲惫，乘机制服对方。但是，道光帝也并非下决心与英国侵略军对抗。道光帝政策的转变，使琦善的投降计划被迫中止。但是他畏敌怯战，早已自毁防务，这样在强敌面前只有被动挨打。1841年1月7日，义律率军攻占大角、沙角炮台，并以割占沙角相要挟。琦善不允。英方又提出割占香港岛。谈判还在进行中，英方悍然于1月26日派兵占领香港岛，并于1月27日单方面提出所谓"穿鼻条约"草案，要求割让香港岛。琦善表示可以就英国人在香港一处地方寄居事宜向皇帝"奏请"，并未在草案上签字。道光帝闻知后勃然大怒，下令将琦善革职锁拿解京，查抄家产，并派遣奕山为靖逆将军，隆文、杨芳为参赞大臣，赴粤剿办。

英国政府也对义律表示不满。1841年4月30日，英国内阁会议决定召回义律，另派璞鼎查为侵华全权代表，命令他务须使中国接受英国的全部要求，不达目的，不停止军事行动。

1841年2月24日，义律正式宣告恢复军事行动。2月26日，英军攻占了虎门炮台，提督关天培和将弁兵士400余人力战阵亡。在英军不断进攻的威胁下，主持广东战事的杨芳竟以允许英人在广州恢复通商，求得停战。4月中，奕山带兵到达广州。5月，英军又重新发动进攻。奕山在英军的猛烈攻势下，派广州知府向英军求降，接受英方所提出的休战条件，答应交纳赎城费600万元、商馆损失费30万元，并率外省兵退驻离广州60里以外的地方。中国政府虽对英宣战，但在广东统率清军的将领都是一些贪生怕死的投降主义者，毫无作战意志，一遇敌人进犯，便张皇失措，争于求降，所以竟出现了这样荒唐离奇的所谓停战局面。

清军和英国之间的"停战"并没有维持多久。1841年8月，英军新任统帅璞鼎查率兵到达中国，随即引军北上，开始大规模的军事行动，在不到一年的时间内，先后攻陷厦门、定海、镇海、宁波、余姚、慈溪、奉化、乍浦、吴淞、上海，最后于 1842 年 7 月 21 日，占领了控制长江与运河两水道的镇江，切断了南北漕运，以威胁清政府。英军所到之处，大肆烧杀淫掠，犯下了滔天罪行，充分暴露了帝国主义侵略者的丑恶嘴脸。

英军一路北犯，直接危及清政府的统治地位，于是道光帝又动摇妥协了。1842 年 7 月 16 日，道光帝下谕令耆英向英方表示，可以将香港一处"赏给尔国"。7 月 26 日，道光帝又任命耆英、伊里布为钦差大臣，到南京与英国议和。

综观第一次鸦片战争的全过程，英国始终贯彻用战争讹诈手段达到侵略最终目的的政策；相反清政府则无坚定态度，战和不常，用人不当，招致可耻的失败，并且将中国从此拖入灾难深重的半殖民地半封建时代长达百年之久！

丧权辱国的《南京条约》

1842 年 8 月 4 日，英国军舰从镇江开进南京下关江面，并威胁要进攻南京。几天后，议和钦差大臣耆英到达南京，与英方代表璞鼎查开始谈判。8 月 14 日，英方提出议和条款，要求清政府全部接受。16 日，耆英答复英方承认其要求。1842 年 8 月 29 日，在英国军舰"皋华丽"号上，清政府和英国签订了《江宁条约》（即《南京条约》）。签约后，英军撤出长江。耆英又以钦差大臣身份与璞鼎查于 1843 年 6 月~10 月先后签订了《过境税声明》、《五口通商章程：海关税则》、《虎门条约》等。综合这些条约，英国从中国获取了许多重要权益：

（1）强占香港，破坏了中国领土主权的完整；

（2）勒索巨额赔款，包括赔偿鸦片烟款、军费、行商债物费等共计白银 2100 万两，约占当时清政府全年财政收入的 1/3；

（3）五口通商，开放上海、宁波、福州、厦门、广州五个口岸，从此打破了清政府的闭关政策；

（4）协定关税，税收须与英国共同商定，一般货物都按值百抽五征收，非经英国同意，不能修改，使中国丧失了制定进口货物税率的权利；

（5）领事裁判权，英国人在中国领土上犯罪，由英国按其本国法律惩办，不受中国法律约束，使中国丧失了司法权的独立性；

（6）片面最惠国待遇，即中国若给予任何国家新的权益，允许英国一体均沾；

（7）军舰停泊权，英国军舰可以在五个通商口岸停泊，这是外国在中国境内驻扎军事力量的开始，并且破坏了中国的领海主权。

《南京条约》签订后，其他列强也乘机纷纷向清政府进行勒索。1844 年 7 月，美国迫使清政府签订了中美《望厦条约》，不仅获得了英国在《南京条约》中取得的全部特权，而且进一步扩大了领事裁判权。1844 年 8 月，法国迫使清政府签订了中法《黄埔条约》，获得了与英、美同样的各项特权，还取得了在五个口岸地区建立教堂的特权。上述美、法取得的新权益，英国根据片面最惠国待遇这一条款，同样也得以享受。总之，从中英签订不平等的《南京条约》开始，中国由一个独立的国家，逐步沦为半殖民地国家。

《南京条约》最重要的一个内容，也是对于此后百年历史产生严重影响的一条，就是香港的割让。

《南京条约》第三条规定：中国永远割让香港。从此，英国便把面积约80平方公里的香港岛攫取到手。英国处心积虑谋取香港并不是偶然的。很早以前，香港便是中外贸易的重要港口和海防要地，正因为如此，英国人早在18世纪便聚集香港地区，他们的商船以此为走私基地，从印度来的军舰也在此停泊。1833年，斯当东就向英国下议院报告，竭力鼓吹夺取香港，建立一个"脱离中国管制"的贸易中心。1834年，律劳卑考察香港形势后，正式向英国政府提出"用一点武力，占据珠江口东面的香港"。他认为军事压力是使中国开放香港的前提。在1842年签订的《南京条约》中，清政府正式承认割让香港。1843年6月26日，英国政府宣布香港为其殖民地，并任命璞鼎查为香港第一任总督。从此，香港岛连同5000多居民，便被置于英国的统治之下。

英国占领香港后，在周围停泊了许多大大小小军舰，驻扎大量军队，使之成为进一步侵略中国的基地。同时，英国人又使香港成为鸦片走私的中心，成箱成箱的鸦片从印度和其他地区运到香港，分别由快艇穿过中国海关的缝隙，进入中国沿海的厦门、上海等口岸，其他货物的走私也是如此。

香港被英国占领后，以它得天独厚的良好港口条件，发展十分迅速。1841 年 6 月 7 日，义律宣布香港为自由港，允许商船自由进出。6 月 14 日，义律又将维多利亚湾划出 40 幅地段，以每幅标价 10 英镑公开拍卖，共出售 23 幅，面积 9 英亩，英商竞相投买，投得土地者仍要每年向政府交租。为此，香港政府每年可得地租 3032 镑。此后，商人蜂拥而至，纷纷到香港开设商行，进出口贸易十分繁荣，货船齐集，市政建设不断改善，一个新兴城市逐步发展起来。占领初期香港只有 4000 多人，到 1854 年已有 55175 人，增长了10 倍。税收额也从 1846 年的 27046 镑增长到 1860 年的 94182 镑。香港经济日趋繁荣，逐步取代了澳门，成为西方在远东重要的贸易基地。

⑤ 英国资本主义对华侵略的加强

第一次鸦片战争打破了清王朝的闭关政策，中国被迫开放了几千里长的海岸线，在东南沿海最适中的地段开辟了五个通商口岸，同时割地赔款，丧失了一系列国家主权。此后十年间，英国资产阶级凭借着从《南京条约》获得的特权，进一步加紧了对中国的侵略。

1843～1844 年，清政府在广州之外，陆续开放了四个新的通商口岸：厦门、上海、宁波、福州。根据《虎门条约》规定：允许英国在所开口岸派驻领事，设立领事馆，管理英国商贾事宜；英国人在通商口岸犯罪，不由中国处理，而由英国领事馆拟定法例并处理；准许英国官船停泊通商口岸，等等。从此，英国侵略势力通过这些口岸在中国内地迅速蔓延开来。

五口通商使英国对华贸易发生了巨大变化。这些口岸的开放和一些有利于外国商品输入的其他规定，激起了英国资本家广销商品的极大欲望，从此他们的工业品几乎可以没有限制地在地大人多的中国倾销。英国输入中国最多的工业品是棉纺织品。鸦片战争前，中国曾是一个输出棉纺织品的重要国家，但从 19 世纪 30 年代起，情况便逐渐颠倒过来。20 年代英国输入中国的工业品中，毛纺品占 90% 以上，棉制品的数量微不足道。从 1835 年起的 5 年内，棉制品占全部工业品进口总值的 32%，1840 年以后几乎达到 2/3，1853 年更达到 81%。1830 年东印度公司和英国散商输入白棉布 60 万码，到 1835 年已超过 1000 万码，而 1845 年竟增至 1.12 亿码。十五六年中，英国白棉布的输入量增加了近 200 倍。英国棉纺织品倾销中国市场，破坏了中国自给自足的自然经济基础。

五个口岸的开放，使列强得以大量掠夺中国资源，大批生丝和茶叶从上海、福州和广州等口岸出口，运销英国，出口额大幅度增长。1843 年，生丝出口不到 2000 包（每包约 100 斤），1845 年约 1.3 万包，1850 年超过 2 万包，而 1855 年则达到 5.6 万多包，到 1858 年更是达到惊人的 8.59 万包，15 年间增长 40 多倍。茶叶出口 1843 年约 1300 万斤，1845 年达到 6000 万斤，1855 年则超过 8400 万斤，12 年间增加 5 倍多。英国人控制了茶叶贸易，大获其利。

五口通商以后，进出口商品不断增长，口岸得到一定的发展。其中尤以位于长江口的上海，由于毗邻中国茶丝主要产区，进出口吞吐量大，作用显著，地位突出。1846 年上海的出口比重占全国总出口量的 1/7，到 1851 年就占 1/3，以后几年又达到一半以上，成为中国最大的港口。与此同时，上海、广州、厦门等贸易额较大的口岸，走私漏税成为普遍现象，这些口岸变成了外国不法商人从事走私贸易的主要据点。1853 年英国驻厦门领事说："在厦门，人们都知道，进口货报关的不及一半，海关的出口账目也徒有其名。"不但如此，外国商人还时常违背条约，侵入未开放的口岸，擅自装卸货物，甚至公然进行武装走私。至于弄虚作假，贿赂舞弊，借以达到逃税漏税之目的的事情，更是比比皆是。这种大规模的走私活动，一方面使中国政府的税收蒙受了巨大损失，另一方面扩大了外国商品侵入中国的范围。

五口通商地区也成为苦力贸易的基地。西方殖民者拐卖中国人口的行径，早在鸦片战争前几百年就开始了，葡萄牙人是最早的人口贩子。英国人来到中国后，也偷偷摸摸地干起贩卖苦力的勾当。鸦片战争后，列强在五口通商地区大规模地拐骗和贩卖中国劳工，其中尤以厦门、广州、上海为甚。1847 年 3 月 7 日，英国船在厦门第一次装运劳工 400～450 名，驶往古巴，以后苦力成为厦门的主要"出口货物"。苦力贸易的利润是惊人的，一般来说，"猪仔馆"（外国人在中国设立的骗卖苦力的机构）在中国拐掠一名苦力所付出的代价，包括人头钱和各项开支在内，约25~30元，"猪仔馆"以每名苦力60~70元或高达100元的价格卖给苦力船，这样便从中得到30~40元的利润。而苦力船贩运苦力至目的地，在古巴每名苦力可得到利润150元，在中美地区可得到100~300元，在秘鲁可得到200~300元。由于有巨额利润，以英国为首的外国商人十分热衷于做"苦力贸易"。

英国还在通商口岸划出部分土地，作为直接管理的区域，这就是租界。租界最早出现于上海。1843年11月，英国驻上海第一任领事巴富尔故意曲解《虎门条约》中关于"允准英人携眷赴广州、福州、厦门、宁波、上海五港口居住"的条款，胁迫上海道台议定《上海租地章程》。1845年11月，列强在上海的第一个租界——英国居留地产生了。它东临黄浦江，南至洋泾浜（今延安东路），西迄边路（今河南中路），北至李家庄（今北京东路），面积830亩。1848年，英租界又扩大到2820亩。按照条约有关款项，租界仅是筑路建房，供外国人居留经商之地。中国对租界保有领土主权。但这一条最终难以保持。1845年以后，英国在租界内设立了"工部局"这个政权机关，下设"警务"、"税务"、"财务"、"学务"、"监狱"等各类机构，甚至驻军，设立法院、巡捕，对租界内的中国居民全面行使司法权和征税权。从此，中国政府再也不能在租界内行使主权，租界完全殖民地化，成为

"国中之国"。在租界殖民地地位确立的同时，上海租界面积不断扩大。1863 年，英美两国租界合并为"公共租界"，面积达 1.4 万亩，到 1925 年又扩至 48095 亩。到 1930 年，上海的租界面积占上海总面积的 4.2%，租界区人口达 144 万，几乎占上海总人口（288 万）的 1/2。这些租界包括了上海最繁华的地段。

鸦片贸易最终引发了中英第一次鸦片战争，而战争的结果更使得鸦片贸易愈发肆无忌惮和猖獗蔓延。鸦片战争之后，清政府并未明令取消禁烟，对英国政府全力支持和保护的鸦片贸易，采取纵容态度，以至鸦片的毒害在中国更加泛滥。1844 年，广州鸦片已公开贩卖。1849 年，2 万余箱鸦片在光天化日之下运至吴淞，竟毫无阻挡。英国在香港公然建立了鸦片走私中心，1845 年香港总督德庇时正式批准鸦片公开贩卖。在这种情况下，1840 年中国鸦片消费量为 15919 箱，到 1855 年则高达 65354 箱，15 年间增加了 4 倍多。在鸦片贸易方面，富有的英国商人和贪婪的中国官吏相互勾结，见利忘义，明目张胆地大做贩毒买卖。鸦片贸易不仅使英国走私商获得巨额利润，使清廷贪官获得大量贿赂，而且使列强政府得到大宗税收。19 世纪 40 年代，英属印度的鸦片税占政府全年收入的 1/7，50 年代增至 1/6。鸦片的大量输入，使中国大量白银外流，1848 年输入中国鸦片共 46000 箱，按每箱 6958 元计算，合计银元约 3200 万元，这个数字比《南京条约》的赔款还多 1100 多万元。

鸦片战争后，以英国为首的西方列强把一系列不平等条约强加于中国，攫取了种种特权，进一步加深了对中国的侵略。中英关系从此已不再是主权国家间的平等关系，而是侵略和被侵略的关系。

6 中国人民的抗争

在鸦片战争中屈服于外国侵略者的只是清政府，而不是中国人民。广大的人民群众在战争中表现了英勇的抗敌精神，战争结束后，继续反对外国侵略者所强加于中国的不平等条约。

在鸦片战争中，当广东地方当局琦善、杨芳、奕山之流面对敌人进攻表现得极端怯懦并一味屈膝投降之时，广东人民对侵略者却展开了英勇不屈的斗争。三山村民众袭击英军，佛山镇民兵围攻龟冈炮台，新安县民众火船队夜袭虎门敌舰……都是广州人民自发的抗英斗争。1841 年 5 月 30 日，英国侵略军千余人到广州近郊掳掠，三元里人民激于爱国义愤，聚众攻击英军。四乡百姓闻讯赶来，加入战斗，包围侵略军。义律率军前来援救，也同样陷入围困之中，结果只得派汉奸向广州知府余保纯求救。余保纯奉奕山之命，用欺骗威胁手段强迫起义民众解散，侵略军才得以狼狈逃命。三元里人民的反英斗争显示了组织起来的中国人民的伟大力量，同时也生动地说明了中国人民和腐朽的清政府对外国侵略者的迥然不同的态度。三元里人民的抗英斗争在近代中国人民反抗外国侵略的历史上写下了光辉的一页。

　　此后，凡英国侵略军所到之处，就一定有人民群众反侵略斗争的爆发。英军攻占厦门后，就有乡民陈氏带领民众奋起抗击侵略军，迫使英军不得不退屯鼓浪屿。英军侵占定海、宁波，当地人民组织的黑水党，多次予敌人以狙击。英军攻占镇江后，瓜洲、仪征一带的渔民，不断攻击江上英舰。人民群众自发的英勇抗敌行动，不但给侵略者以沉重打击，并且使侵略者看到了中国人民不可征服的精神。

　　鸦片战争以后，英国侵略者依仗着不平等条约的庇护，更是无法无天。广州人民对侵略者蓄怒已深，屡次贴出告示，向他们提出警告。1842 年 12 月 7 日，发生了英船水手买食水果不给钱并拔刀行凶的事件，一时群众怒不可遏，将十三洋行商馆包围，纵火焚烧。1846 年 7 月，在广州又发生英国商人因厌烦果贩沿街叫卖而无理逞凶事件，群众在义愤之下又一次发动了向洋馆的进攻，结果遭到清官府的镇压。1847 年 3 月 12 日，一伙英国人到佛山镇闲游，被当地群众抛石袭击。英国侵略者以此为借口，派军队、战舰占领虎门各炮台，并闯入珠江口，实行武力威胁，要挟两广总督耆英接受种种无理要求。耆英再次卑躬屈膝，满足了侵略者的要求。

　　在这一时期最能反映中国人民反侵略坚韧斗志的，是广州人民反对英国人入城的斗争。《南京条约》规定，英国商人只能在五处港口通商贸易，英国领事等官可在五处城邑居住。对于英国人无理提出的入城要求，广州人民表示反对，坚决不允许英国侵略者改变

200 年来不得入城居住的成例。领导广州人民反抗英人入城斗争的是群众性战斗组织升平社学。升平社学联合了附近十三社 80 余乡的人民，声势浩大，成为广东人民反侵略斗争的堡垒。1842 年 11 月，《南京条约》签订的消息传到广州后，社学即发出"全粤义民公檄"，号召全省人民起来为反对英国在广州"创立码头"而斗争，并严正谴责清政府卖国投降的行径。在广州人民的坚决反对下，当时被派往广州主持和英方交涉的伊里布，不敢答应英国的入城要求。1846 年，《南京条约》中所规定的赔款已经交清，按约英军应从舟山岛撤出，但英国侵略者竟利用这一机会，以准许他们进入广州城作为履约条件。两广总督耆英居然接受了英人要求。群众在愤怒之下举行暴动，攻入广州知府衙门，迫使耆英撤销原议。但英国侵略者仍不甘心，1847 年 4 月借口所谓佛山事件，又一次对广州发动武装进攻，并提出包括进入广州在内的种种无理要求，胁迫广东地方当局承认。耆英既"惧激民变"，又"惧开边衅"，左右为难之下要求德庇时暂缓入城两年。到 1849 年，英国再次要求入城，并把军舰开进珠江，进行武力威胁。广州百姓得知后，怒不可遏，全城轰动，每家出丁一或二三人，自备器械，聚众约 10 万余人，集合在珠江两岸，呼声震天，待命开战。英国侵略者不敢轻举妄动，只得退回香港，暂时放弃了入城的要求。广州人民 7 年来坚持不懈的斗争，终于取得了胜利。直到第二次鸦片战争爆发时，英国侵略者始终未能达到进入广州城的目的。

三　英国对华侵略的加深

1　英国的修约图谋

19世纪50年代，中国封建统治者和外国侵略者之间的矛盾有所发展。这主要是外国资本主义要把中国作为附属国纳入世界资本主义体系，而中国封建统治者则力图保持其封建统治秩序不受外来势力的侵扰。第一次鸦片战争的结果，虽然外国侵略者已用武力迫使清政府屈服，并接受他们的种种条件，但是两者之间的矛盾并未真正解决。在清政府方面，传统的闭关政策在制度上虽已破产，但在思想上仍然支配着它的对外关系，因此战后在和外国侵略者的交涉中，仍时有抗拒的表现。自1850年2月道光帝病死，咸丰帝继位后，这种倾向更为明显。6月中旬，清廷重新起用林则徐，1850年12月1日又罢黜了投降派首领大学士穆彰阿，并将第一次鸦片战争时负责对外交涉的大学士耆英给以贬职降级处分。这些措施说明，统治阶级中的当权派对战后被迫实行开关的局面心有未甘，但并不表示他们的对外政策有任何实质性的转变。

在外国侵略者方面，他们对第一次鸦片战争的侵略果实也越来越感到不满足。19世纪40年代到50年代，世界资本主义仍在继续上升，各主要资本主义国家的工业仍在不断发展。在资本主义工业生产上升的同时，生产"过剩"的危机也不断出现。1847年，在英国发生了又一次周期性的经济危机，影响遍及整个欧洲和美国。在资本主义各国急需扩大国外市场的时候，中国市场消纳外国工业品的情况却令他们感到非常失望。以1850年为例，英国对华输出较1844年还减少75万镑，就布匹一项，1842年以后的输入量没有很大变化，在全部中英正当贸易中英国仍然居于逆差的地位。正当贸易之所以不能发展，主要是由于日益扩大的鸦片贸易的排挤，但是侵略者却不甘放弃鸦片贸易的巨大利润，而立意要从清政府勒索更多的特权，以达到彻底打开中国市场的目的。

19世纪50年代初期，英国就图谋通过修改《南京条约》，获取新的权益。英国的修约活动早在1853年便已开始。这一年5月，英国政府训令文翰向清政府提出修改《南京条约》，另订新的商约的要求。新约应规定，中国毫无保留地开放全国城市和港口给英国人通商，英国人可以在中国各地自由往来。1854年包令接替文翰为驻华公使后，于4月间联合美国公使麦莲和法国公使布尔布隆，与清政府官员进行修约交涉。包令表示，如果清朝同意修约，扩大外国人的贸易权益，则他们愿意补交拖欠的商税，以供清军军饷，并且愿意直接参与镇压太平军的军事行动。1854年10

月，包令等人与清廷官员在天津会谈。包令借口《望厦条约》和《黄埔条约》都有12年后可以修约的规定，援引最惠国待遇条款，认为《南京条约》签订已满12年，也应全面修改。实际上，修约就是要另订新的、更苛刻的不平等条约。英国要求：①开放内地和沿海的城市，至少应准许英船在长江自由航行，并开放镇江、南京、杭州和温州；②鸦片贸易合法化；③废除内地子口税；④外国公使驻扎北京，能与清政府官员公文往来和直接会晤；⑤一切条约以外文的解释为准，等等。英国的目的是彻底摧毁清朝的闭关政策，迫使清政府完全屈服。英国政府的想法是，这次修约即使不能达到全部目的，至少也要将其势力伸展至长江沿岸和江浙两省。那里是中国最富饶的地区，又是茶丝等主要出口货物的产地，随着势力所及，英国既可销售大量商品和鸦片，又能直接获得丰富的原料。但是，清政府只答应考虑减免上海关税和广东茶税，其他要求一概不准。1854年11月，包令等人败兴而返，他向英国政府报告说，如果不使用武力，不可能实现全面修约的目的。但是当时英、法正与俄国进行克里米亚战争，无暇顾及中国问题，因此修约之事暂被搁置。

② 战端又起和《天津条约》

1856年3月，英法和沙俄之间为了分割和奴役土耳其而进行了两年的克里米亚战争宣告结束。英国既已战胜了沙俄，便有可能调动其军事力量来对中国进行新的侵略战争。为了发动战争，侵略者多方寻找借口。1856年2月，法国天主教神甫马赖在广西西林县因勾结地痞为非作歹，被当地官府处死。按条约规定，外人只限在五口通商传教，不得擅入内地。但许多外国传教士，不顾条约规定，凭借着领事裁判权的庇护，潜入内地，进行不法活动，马赖便是其中之一。"马神甫事件"传到法国，当时法国正是拿破仑第三执政，他对外积极推行侵略政策，以转移国人反对其专制暴政的注意力。这时克里米亚战争已近结束，拿破仑三世为了继续三年来和英国的同盟关系，以加强自己在国内的统治地位，正准备跟随英国侵略中国。同时，他也想为天主教会在中国取得更多利益，以赢得国内天主教派对他的拥护。法国政府于是抓住"马神甫事件"为借口，向英国建议联合出兵侵略中国。

英国原来也决定利用"马神甫事件"发动战争，但到10月初，又发生了所谓"亚罗号事件"，英国就似乎更有侵略理由了。

1856年10月8日，一只中国走私船"亚罗"号在广州水面停泊时被中国水师登船搜查，拘捕了有海盗嫌疑的水手12人。亚罗号船长要求放人遭到拒绝，驻广州的英国领事巴夏礼因与亚罗号走私有密切关系，闻讯后赶到现场阻止抓人，并企图抢走被捕匪徒。双方争执中发生冲突，巴夏礼恼羞成怒，蓄意挑起争端。他声称，亚罗号是一般英国船，中国官方没有登船捕人的权力，并且诬称中国水师侮辱了船上的英国国旗。

他根据包令的指示，向两广总督叶名琛发出两次强硬照会，要求其向英方道歉，并释放所有被捕水手。其实亚罗号船并不是英国船，而是中国船。英国前任首相德比曾经坦白地说，亚罗号"是中国建造的，是中国人所买的，船上水手是中国人，船是中国人所有的"。据说亚罗号曾于1855年在香港政府领过一张登记证，从此就被视为受英国保护的船只，但登记证到1856年10月已过期作废，即使按照英国殖民法也对它不起作用了。包令和巴夏礼一再以"亚罗号事件"为借口，进一步推行武力修约的政策，包令还借题发挥，提出入广州城的问题，进一步挑起并扩大纠纷。他们采用海盗手段，强扣一艘中国船为质，以要挟中国让步。叶名琛屈服于英方压力，被迫放出亚罗号全部水手，但英方竟借口广州当局未派高级官员解送和未送道歉书，蛮横地拒绝接受，并很快发动武装进攻，从而揭开了第二次鸦片战争的序幕。

1856年10月23日，英国海军上将西马糜各厘指挥舰队进犯广州，占领沿江炮台，一度攻入省城，抢掠总督衙门，焚烧民房无数。身负广州军政重任的两广总督叶名琛面对英军的进攻，毫无反抗的决心，甚至命令官兵不准放炮还击。广州便在全无戒备的情况下被英军长驱直入。到此时，叶名琛又急忙派人向英军求和，表示全部接受英方条件，一方面却向皇帝谎报"水陆获胜"。咸丰帝闻报英军开战，大惊失色。这时太平天国起义势如破竹，对清政府形成严重威胁。咸丰帝认为："当此中原未靖，岂可沿海再起风波？"

同英人作战,"不胜固属可扰,亦伤国体;胜则该夷必来报复。"总之,避战求和,就是清政府的基本方针。尽管英国侵略者无端发动了对中国领土的武装进攻,清朝统治者为了集中力量镇压太平天国起义,是不惜对外屈服妥协的。

但是,中国人民对英国侵略者则坚决给以反击。英军侵犯广州的暴行,激起了广东人民的极大愤怒。南海大沥96乡绅董,练勇万余名,自备粮械,声言10月中旬与英军决战。受外人雇佣的中国人,也纷纷罢工告退。1856年12月14日,广州人民向十三洋行商馆进攻,将商馆全部焚毁。广州人民还不断以火船向侵略者进攻。当时英国在华兵力不过2000人,在广东人民英勇抗击下,侵略者终于被迫退出虎门,撤离广州,等待增援。

亚罗号事件的消息传到英国,本来早就策划发动侵华战争的英国政府立即大肆渲染。1857年2月,英国首相巴麦尊向议会报告事件经过,要求发动对华战争,议会进行了激烈辩论,许多议员认为亚罗号是一艘中国船,中国官员扣船捕人是正当的,下院表决时,以263票对247票否决了巴麦尊的战争议案;但在上议院表决时,巴麦尊的提案以146票对110票得以通过。于是巴麦尊解散下院,重选议会,勉强以85票的多数在下院通过了对华战争的提案。随后,英国政府任命额尔金为全权专使,带领军队大举侵华。同时,英国串通法、美、俄等国,共同遣使入京,向清政府施加军事政治压力。法国借口"马神甫事件",也任命葛罗为全权专使，带领军队来华，参与英国的军事行动。

1857年10月中，额尔金和葛罗在香港会面，密谋侵华计划。双方决定首先攻占广州。12月初，英法两国集中海陆军部队共5000多人，由额尔金向叶名琛发出最后通牒，要求进入广州城，并赔偿损失，限10日答复。叶名琛对英法要求都予以驳复。但是他对敌情一无所知，一味采取不战、不和、不守的态度，毫无应战准备，反而妄说英人急于通商，陈兵广州只是恐吓而已。叶名琛还迷信巫术，一切军机大事均求乩问卜，乩语曾说英军15天后必退，叶名琛也信以为真。到12月24日，额尔金再次发出招降书，限48小时答应全部要求，交出广州，否则将进攻该城。

事实上，英军在此之前已采取军事行动。12月15日，英军秘密强占了广州的海南地区；20日，额尔金率炮艇溯珠江而上，绕过广州城；28日，英军军舰以重炮猛轰广州城，每隔一分钟发炮一次，轰炸持续了27个小时之久，广州南门完全被毁，大火蔓延到城中心，叶名琛的总督衙门成了一片废墟。1857年12月29日，广州沦陷。1858年1月5日，叶名琛被英军俘虏，后被解送印度加尔各答囚禁，并死在那里。广州巡抚柏贵、将军穆克德纳投降英军，在英国的监督下，成立了一个地方傀儡政权，巴夏礼成为主持广州事务的核心人物。英军从此开始了在广州长达4年的军事统治。

英法军队占领广州后，英、法、美、俄四国公使于1858年2月4日通过上海领事向清政府提出照会，要求：公使驻京、开放新口岸、内地游历、赔偿军费以及广州侨民损失、修订税则等。照会表示，如果清政府接受这些要求，他们马上撤退广州占领军，交还广州城，否则扩大战争。当时，咸丰帝并没有认识到事态的严重性，以为敌人不过是"虚声恫吓"。他要求英、法、美三国公使折回广州和新任两广总督黄宗汉商办，俄国公使到黑龙江等待会办。1858 年 3 月，四国公使相继从香港抵达上海，随即决定联合北上。4 月 15 日，英法联合舰队到达大沽口，24 日，四国公使向清政府发出照会，要求在 6 天内派出全权代表在北京或天津谈判，否则就进攻大沽炮台。

在大兵压境的形势下，清政府终于明白了英、法、美、俄等国用武力达到侵略目的的企图。但是，当时清政府正在集中力量镇压太平天国起义，因此决定对侵略者作有限度的让步，以求妥协。于是清政府同意在天津举行谈判。但是，清政府前后派出的两位谈判代表，都被英国寻找种种借口拒绝。再加上清政府一再要求英法军队交还广州，修约要求也只答应减税一项，这样英法终于又找到了威逼的借口。

英使额尔金见清政府未能满足他们的要求，便决定进攻大沽口炮台。5 月 11 日，英国军舰齐集天津海面，额尔金、葛罗与海军将领商议后认为，天气转暖，援军已到，应立即采取步骤中断谈判，以便进攻大沽炮台。1858 年 5 月 20 日，英法炮舰率先对大沽炮台发起进攻，炮台守军英勇还击，但由于武器陈旧和防御工事简陋，不久大沽炮台失陷。英法舰队逆白河而上，不到一个星期直抵天津城下。清政府惊恐万状，立即遵照英国所提要求，派遣大学士桂良、吏部尚书花沙纳赶赴天津，全权与英国等进行谈判。行前，咸丰帝指示说，英国的要求只要合于情理又对中国没有伤害，同时真心停止兵戈，可以表示同意。

天津谈判由清政府的代表和四国分别进行。因为英使额尔金怕在谈判中受他国牵制，不愿和法美俄在一起。当时英国在中国对外贸易总额中占有 2/3，它的侵略利益最大，要求攫取新的特权也最为迫切，因此，其他三国也乐得让英国和清政府单独交涉，自己只要取得最惠国待遇的保证，便可坐享其成。所以，天津谈判中以中英谈判为重点，进行时日也最久。1858 年 6 月 2 日，清政府代表桂良和花沙纳到达天津，在此后半个多月的谈判中，额尔金和葛罗都没有出面，他们分别派出随员威妥玛和李泰国等办理交涉。实际上，谈判只是英法单方面提出要求，清政府代表表示接受而已，根本没有什么商量的余地。桂良、花沙纳虽然对长江航行、内地游历和北京驻使等三项要求表示反对，但这些要求正是英国发动战争所追求的主要目标。长江和内地的开放，将为他们的商品提供更广阔的市场，而公使驻京尤其具有深远的政治用心。第一，公使驻京是为了迫使清政府接受和外国侵略者建立经常性的外交关系，放弃其传统的排外闭关思想，这是侵略者要使清政府成为驯服工具的必要前提。第二，驻使可以便于对清政府经常施加压力，进行勒索。第三，侵略者更大的图谋是通过驻京公使行使对清政府的监督和控制，作为支持清政府的条件。额尔金在《天津条约》签订后曾说过："这个条约所取得的最重要的东西是北京驻使，没有这一项，这个条约是一文不值的。"为了达到目的，英国不断从香港增调军队，一再威胁恫吓清政府，迫使清政府终于一一屈从。

1858 年 6 月 26 日和 27 日，清政府先后与英法两国签订了《天津条约》，前者共 56 条，后者 42 条。主要内容是：

（1）公使驻北京，与清政府外交往来用平等礼节；

（2）开放牛庄、登州、台南、淡水、潮州、琼州、汉口、九江、南京、镇江为通商口岸（后来登州、潮州改为烟台、汕头），海关雇用外人；

（3）耶稣教、天主教可以入内地自由传教；

（4）外国人可以往内地游历通商；

（5）修改税则；

（6）减轻商船吨税；

（7）外国商船可以驶入长江一带通商口岸；

（8）对英国赔款白银 400 万两，对法国赔款白银 200 万两。

丧权辱国的《天津条约》的签订，激起了人民群众的愤怒抗议。广东人民听到英法向清政府勒索赔偿 600 万两，才肯交还广州，更是义愤填膺。自从广州沦陷后，广东人民从未停止和侵略者进行各种形式的斗争。1858 年初，三元里附近 103 乡的人民联合南海、番禺两县人民在广州西南的佛山镇成立团练局，组织几万人民，实行坚壁清野，禁绝汉奸，并宣布要反攻

43

广州，后因傀儡巡抚柏贵的破坏和阻挠，没有实现。广东人民还以经济封锁和罢工的手段同侵略者作斗争。广州人民拒绝和侵略者做生意，不供给侵略者以肉食，迫使英人不得不从香港运牛到广州来。1858 年的 4 月，团练局发动一次大罢工，号召香港、澳门等地的人民不替洋人办事和做工，不到一个月就有 2 万多人罢工归来，使香港商务陷于停顿。此外，广东人民还不断出击敌人，给予英军以沉重打击。1858 年 7 月 5 日，乡勇投书向英军挑战，巴夏礼率兵出战，被伏兵袭击，死伤数百人。7 月 24 日，为抗议《天津条约》的签订，更有乡勇 7000 多人反攻广州的壮举。这场战斗进行了三昼夜，义兵驾云梯登城，猛烈进攻，而城内的清军竟帮助英法军队作战，结果乡勇败退，死伤约 300 人。这一壮烈的行动，再次表明了中国人民和清朝政府截然不同的对待外国侵略的态度，人民群众反对对外屈膝投降，坚持武装斗争，反抗奴役和压迫。

🌀 8 京城的陷落和《北京条约》

《天津条约》签订后，清政府感到不满和懊悔，条约中的某些条款已严重危害了他们的统治利益。当然，避战求和仍然是清政府的基本方针，对《天津条约》虽有不满，但也只不过企图在这个根本方针之下，谋求其他的妥协方案。按中英《天津条约》第二十六条规定，1858 年 10 月清政府再次派遣桂良、花沙纳到上海和英国代表继续谈判修改税则问题。清廷企图以此机会，向英方提出一个所谓"一劳永逸之计"的妥协方案，即以完全豁免洋货进口税和鸦片弛禁两项条件，换取取消《天津条约》中关于公使驻京、内河通商、内地游历的条款。交涉中，英国代表俄理范、威妥玛公开声明，条约既定之事决不可改，只能商讨条约以外的事。这样，1858 年 11 月 8 日，中英签订了《通商章程善后条约》10 款，24 日，中法签订了《通商章程善后条约》10 款。其中主要内容有：

（1）降低进出口税和确定值百抽五税率；

（2）规定免税货物，如外国的烟、酒、食品、化妆品等都免征进口税；

（3）海关聘用外人，并帮办税务；

（4）鸦片正式开禁，按每百斤征税 30 两。

上海谈判的结果使清帝大失所望，他的态度因此又在和战之间游移不定。上海谈判结束后，清帝一方面虚张声势，下令练水师，筑炮台，加紧在津沽一带设防，另一方面极力阻止外国公使进入北京。而在英法方面，以武力实现其侵略目的的政策十分明确。1859 年初，英、法政府分别任命普鲁斯和布尔布隆为驻华公使。英国政府在给普鲁斯的训令中要求打破一切阻挠英使入京的企图，并在北上时要带领一支"足够的海军力量"，显然决心不惜再次挑起战争。

1859 年 6 月，英法美三国公使先后到达上海，清廷代表桂良、花沙纳企图做最后努力，阻止三国公使北上。但三国公使立即通知他们，在换约前不讨论任何有关条约的问题，并拒绝与清政府代表会面。清廷阻止不成，只得退而要求英法兵船停泊大沽口，公使由北塘登陆入京。指定外国公使进京的路线原是一个主权国家权力范围之事，外国公使是没有理由拒绝接受的。

但是，英法军队蓄意挑起战争，他们断然拒绝了清政府的要求。英国海军提督贺布于1859年6月17日带领舰队到达大沽口外，要求清军撤除河口障碍物，并蛮横地表示"定行接仗，不走北塘"。6月20日，三国公使到达大沽口，24日竟向大沽口守军提出"让路"的最后通牒，第二天英法联军便向大沽口炮台发动进攻。炮台守军在人民群众的积极支持下，坚决回击。英法联军兵舰13艘中，6艘受重伤，4艘被击沉，侵略军被毙伤400余人，英船队司令贺布也身负重伤。英法公使在大沽惨败后被迫退回上海。

大沽冲突的责任，完全是在英法侵略者方面。但是，英国政府却借口大沽事件大肆渲染，要扩大侵华战争。英国首相巴麦尊在给外交大臣罗素的信中说："我们要派一支陆海军武装部队攻占北京，赶走中国皇帝。"1860年2月，英法政府决定再次派遣额尔金和葛罗为特使，率领大军到中国来发动战争。

1860年春，英法军队开始集结，共2.5万多人，其中英军1.8万多人，法军7000多人。4月21日，英法联军占领舟山，5月27日英军占领大连湾，6月8日法军占据烟台。7月初额尔金、葛罗分别到达大连湾和烟台，他们决定7月底在北塘登陆，抄袭大沽炮台后路，然后占领天津。8月1日，英法联军在北塘强行登陆，12 月占领新河，大沽与天津之间的主要交通被切断。14 日塘沽失陷，大沽炮台更加孤立，21 日大沽炮台终于陷落。8 月 24 日，英法联军占领天津。同时，清政府慌忙派出桂良会同直隶总督恒福向英法军队求和。英法军队提出了加开天津为商埠，增加对英法赔款各 800 万两，并要求先付现银 200 万两，英法各带兵 1000 人进京换约。但谈判终因清政府不允增加赔款和带兵进京而告停顿。9 月 11 日，英法联军从天津继续内犯，直逼通州，清廷眼见无力抵抗，只得答应赔偿现银和带兵换约。但是，英法公使坚持进京后要面见皇帝递交国书，双方又发生分歧。于是英法联军更加疯狂进攻，1860 年 10 月 6 日，英法联军攻占北京西郊的清朝皇家园林圆明园，大肆抢掠并纵火焚烧。综合中西建筑艺术，聚集古今珍品的壮丽宫殿庭园，就这样遭到侵略者的野蛮毁灭，损失无可估量。1860 年 10 月 13 日，北京沦陷。清咸丰帝早于 9 月 22 日逃往热河，行前任命了他的弟弟恭亲王奕䜣为议和代表，负责与英法交涉。

英法占领北京后，公然声称，如果清政府不接受全部条件和赔偿恤金 50 万两，将要同样焚毁北京城内的所有宫殿。奕䜣在侵略者的恫吓下终于屈服，1860 年 10 月 24 日和 25 日，他代表清政府同英法交换了《天津条约》，与此同时，又分别签订了中英、中法《北京条约》。英国军队才于 11 月从北京撤出。

英国同法国发动了这场旨在修改《南京条约》，进一步扩大对华侵略的战争，经过 4 年之久，打败了清朝政府，通过强加不平等条约的手法，再次获得了更多新的权益：

（1）公使驻京，从此英国为首的外国使节进入中国政治的中枢，得以控制清政府中央政权，从而达到控制全中国的目的。

（2）对英、法赔款均增至 800 万两，在条约规定之外，英法军队还分别勒索到"恤金"30 万两和 20 万两。

（3）开放新口岸，除原来的五口外，又在沿海增开牛庄、天津、登州、台南、淡水、潮州、琼州等 7 个口岸，并在长江流域增开镇江、南京、九江、汉口 4 个口岸，通商港口增加到 16 个。这些口岸开放后，中国沿海和长江的 10 多个省份都成为英国等国资本活动的范围，它们的政治经济势力进一步深入中国内地。

（4）内地传教，使天主教、耶稣教教士从此可以借传教之名在中国各地自由地进行不法活动，大肆进行文化侵略。

（5）控制海关，指定洋货进口关税值百抽五，进入内地口税值百抽二点五，战争赔款由关税扣除。

（6）掠卖华工合法化，数以百万计的穷苦人民被卖送到海外做奴隶，服苦役，为英法等国开发殖民地付出了生命。

（7）鸦片贸易合法化，准许鸦片进口，每百斤纳税银 30 两，从此鸦片的毒害更加普遍和深入了。

（8）割占九龙。九龙半岛南端在香港岛北面，面积 11 平方公里，战争期间，英国以其地处要冲，极有军事价值，遂于 1860 年 3 月下令实行武装占领，然后逼迫广东政府同意租借，这次签订条约改为割让给英国，使英占香港地区的领土面积又有扩大。

《北京条约》的签订标志着清朝闭关政策的彻底破产，外国侵略者终于以武力迫使清政府接受了他们的全部要求，中国的主权丧失更多了，中国半殖民地的灾难更加深重了。从此，清政府的对外政策也开始由闭关拒外逐步转向更为明显的惧外媚洋，并逐步开始与外国势力相互勾结。

4 英国对华侵略的升级

第二次鸦片战争后，中外关系发生了重要变化，清政府内部在处理外交事务方面也分化为两个派别：一派是顽固派，他们在内外严重危机之下，对外国侵略者采取消极的抗拒态度，幻想退回到"美好的"闭关时代去；另一派是洋务派，他们积极投靠外国侵略者，希望借此以维持封建统治。尽管两派在外交事务上时常表现出分歧，但他们的根本立场都是力图保持清王朝的统治能够得以延续。实际上，以洋务派代表奕䜣、桂良、文祥为主的一批清廷官僚掌握着这一时期清朝的对外交涉大权。

《北京条约》签订后，外国公使驻京已成为事实，清政府和英国及其他西方列强的外交事务日趋频繁，建立外交关系已无法避免。1861 年 1 月，清政府依从了恭亲王奕䜣等的建议，设置了第一个专掌外交事务的机构，称为"总理各国事务衙门"（以下简称"总理衙门"），并任命奕䜣、桂良、文祥为"管理"大臣。这个机构的设置，标志着清政府不得不抛弃闭关政策，而洋务派执掌外交，更表明清政府此后的对外政策倾向。这一措施自然受到外国人的欢迎，英国使馆的威妥玛称之为"数十年求之不得"的事。长期以来，外国侵略者就一直要求和清朝中央政府直接打交道，以便于遂行他们的侵略阴谋，所以总理衙门的设置和奕䜣以皇族身份出掌外交，完全符合他们的意愿。

总理衙门的实际职权远远超出严格的外交事务范围，凡对外贸易、海关税务、洋人传教、电报、铁路、矿务、海军，以至于工业制造都属于它的执掌范围。与此同时，清政府还设置了南北通商大臣。由于《天津条约》和《北京条约》所规定开放的口岸 11 处，分布南北，原由两江总督兼任的五口通商大臣已不能兼顾，因此清政府在上海和天津分设两个通商大臣。驻上海的通商大臣原由江苏巡抚兼任，后改为两江总督兼任，称南洋大臣；驻天津的三口通商大臣（专管牛庄、天津、登州三口）原为专职，1870 年后改为直隶总督兼任，称北洋大臣。南北通商大臣的人选都是洋务派，上海的南洋大臣原为薛焕，后为李鸿章；北洋大臣 1870 年前一直是崇厚专任。这样，从中央到地方，洋务派把持了外交大权。

1865 年，在总理衙门之下，原在上海的总税务司迁至北京设立总税务司署。英国人威妥玛、李泰国先后担任总税务司。1863 年，英国人赫德继任总税务司。

赫德本是广州英国领事馆的译员，时年29岁，从此他连续担任总税务司长达45年，至1909年才告老返英。赫德名义上是清政府的"客卿"，总税务司署也是隶属于总理衙门的机构，但实际上他既不对清政府中任何人负责，也不受清政府的管辖指挥，而是依仗英国势力，对清政府的内政外交施以干预，发挥影响，为英国的在华利益服务。他经常为英国政府收集情报，实际上是英国政府安插在清政府中心的坐探。据英国人米契说，赫德当时得到英国政府的信任，超过英国驻华公使，并说英国使馆可以从海关获得一切所需要的情报。同时，赫德也获得清政府的极大信任，因为海关在他的把持下按期将收入的一部分，解缴清政府，而随着中国对外贸易的逐步发展，海关税收和解缴清政府的部分也逐渐增加。恭亲王奕䜣上奏时说："臣衙门所属总税务司赫德，系英国人，办理各国之事，毫无窒碍。"清政府对赫德的信赖，使他有机会更多地向清政府施加影响，总理衙门几乎无事不征求他的意见。曾经充当海关税务司多年的马士这样说："总理衙门在那时还没有经验，所以在一切国际问题上，从商议一个条约到解决一个土地纠纷，都常听取在北京的总税务司的意见，并要求他的帮助。"这一事实表明，清政府和英国势力的相互勾结已趋成熟。

19世纪60年代以后，中英贸易不断发展，主要是英国进一步加紧向中国进行商品输入。1864年中国进口总值约10530万两，1874年约14590万两，其中英国所占比重分别为81.8%和80.5%。也就是说，中国对外贸易的 4/5 控制在英国人手中。英国输入中国的货物主要是鸦片、棉织品和呢绒。鸦片几乎全部来自印度。1863 年输入 50087 担，到 1873 年增加到 65797 担。英国的棉织品输入同样十分惊人，1865～1868 年平均每年进口值为 674 万镑，1873～1876 年为 592 万镑，1877～1880 年为 532 万镑。棉织品的输入摧毁了中国的纺织业，破坏了中国的小农经济。呢绒的进口数量在 19 世纪 60 年代呈上升趋势，但进入 70 年代却下降了。1865～1868 年平均每年进口值为 155 万镑，1869～1872 年为 124 万镑，1873～1876 年为 104 万镑。

中国出口的货物主要是茶和丝。1867 年，在西方消费的 19800 万磅茶叶中，90% 来自中国。英国进口茶叶的 95% 来自中国。这些中国茶叶，除了供给本国消费外，还向欧洲其他国家出售。但是英国不是中国生丝的主要市场，1869～1872 年，中国平均每年出口 693 万磅，而英国只购买了 117 万磅。

总的来看，中英贸易增长的情况并不能使英国商人满足，英国人用武力打开中国门户，是为了扩大商品市场，他们对中国市场的潜力抱有很大幻想。可是他们过高地估计了中国人的消费能力，大规模的鸦片贸易更严重影响了中国人的购买力。19 世纪 60 年代英国商品特别是棉纺织品在中国市场滞销，英国商人把对华贸易发展迟缓归咎于清政府不肯认真履行条约和中国社会的保守落后，因而要求进入内地各省，推销工业产品。英商为要对中国采取猛进政策，强迫清政府开放全中国。在北京，1866 年英国使馆参赞威妥玛向总理衙门呈送了《新议略论》，总税务司赫德呈送了《局外旁观论》，要求清政府实行"新法"、"新政"，改进中外关系，遵守帝国主义列强制定的国际关系准则，为英国商人的活动提供更为广泛的自由，更大限度地扩大对华贸易范围，促进英国商品的输入。

5 新的修约要求

《天津条约》和《北京条约》签订后墨迹未干，外国侵略者对他们已攫取的种种特权又逐渐感到不满足了。特别是英国在华商人对 19 世纪 60 年代的对华贸易仍然没有很大进展极不耐烦，1865～1867 年间，他们盲目投机更造成了对华贸易的空前不景气。因此他们极力主张向中国索取新的特权，以扩大他们的商品市场。从 1867 年起，英国政府就为修约谈判做准备，英国驻华公使阿礼国巡查了各个通商口岸，了解情况，征求英国商人对修约的意见。上海、福州、香港等处的英国商人纷纷提出意见书。他们的要求主要有：①开放全中国供外人居住；②除子口税外，取消一切内地税；③废除厘金；④内河行驶轮船；⑤内地开设行栈；⑥成立会审公堂，制定民事法典和诉讼程序。此外，他们还要求筑铁路、架电线、开矿、贩运盐斤等。阿礼国认为，如果目前修约达不到以上目的，则暂缓修约，等待时机进行谈判。

按《天津条约》原有 10 年后可以修约的规定，清政府料到英国等决不会放弃这个机会，并鉴于上次修约交涉引起战争的经验，决定采取妥协方针，对于所谓"窒难最甚"的要求准备拒绝，但对其他要求则准备接受，以期"羁縻相安"。当时洋务派的代表人物两江总督曾国藩、湖广总督李鸿章、陕甘总督左宗棠认为，觐见、遣使、传教三事可以答应，挖煤一事也可"试办"或"酌量可行"，但贩盐、内地设栈、内河行轮以及造铁路、架电线等，则不可答应。

英国公使阿礼国和清政府总理衙门开始了长达一年多的修约谈判。阿礼国对清政府一再施以恫吓勒索，甚至以"援引咸丰八年（1858）同类之事"相威胁，经过反复谈判，双方拟出了一个修约的初步方案，由阿礼国于1868年12月报告英国外交部。英国政府中有一派认为，应对中国采取"温和"缓进的政策。因为他们同样看到，强迫清政府接受"改革"将招致中国人民的反对，以致这个供他们驱使的清朝政权会有发生崩溃的危险。从英国的侵略利益来看，首先应致力巩固既得利益，徐图进展。因此，英国政府决定了"部分修约"的政策。1868年的6月4日，克拉兰授权阿礼国接受中国人目前可以立即答应的妥协条款。1869年10月23日，中英之间签订了《新定条约》和《新修条约善后章程：新修税则》。

1869年《中英条约》的主要内容有：

（1）开芜湖和温州（和琼州对换）为通商口岸。

（2）英商运洋布、大呢、洋绒进口时，正税和子口半税应一并完纳，此后在通商口岸各省（当时共有10省）概免一切税捐。这一款是对中国征税主权的无理限制，使这些英国货较同类中国货物在税捐负担上居于更有利的地位。

（3）英商可自备中国式样船只前往内地。九江关监督须备轮船一只，在鄱阳湖一带，拖带英商自备的中国式船只，这是为外轮行驶内河开路的准备。

（4）南省通商大臣酌定二三处地方采煤。

此外，英国同意将鸦片进口税从每百斤 30 两增至 50 两，生丝出口按值百抽五征税（原规定湖丝每百斤征税 10 两，现改为 20 两）。

修约后的这些规定，给英国商业势力深入中国内地以极大的方便，英国政府表示满意。英国议员狄尔克说："看来中国所让与的比贸易部认为可以要求的为多。"阿礼国也得意地说："在此以前，没有一个国家或西方政府曾向外国的商业作出这样慷慨的让步。"他特别指出，洋布呢绒一次交清正税和半税，然后可以在通商口岸省份不再纳税的规定，是英国在这次新约中最大的收获，因为这不仅可以扩大英国纺织品的市场，并且使原来交给各地官员掌握的税金转到了英国人控制的海关手中，这样就更加强了外国势力通过海关对清政府进行政治、经济控制的力量。

但是，这个条约仍然没有满足英国商人的贪欲。在华的英国商人和英国国内各地商会都表示反对。他们联名上书英国政府，指责新约中增开的商埠太少，英国政府完全没有注意他们在四川、湖南的商业利益。他们不同意以温州交换琼州，因为这样放弃了一个侵入西南地区的重要据点。他们又指责新约没有取得筑铁路、架电线、开矿、内地设货栈、内河驶轮船的权利。一些鸦片贩子更是坚决地反对新约中增加鸦片税的规定，认为这只会使鸦片贸易处于不利地位。由于英国商人的坚决反对，英政府终于在1870年7月宣布不批准中英新约。

英国政府一方面拒绝批准新约，另一方面又企图享受条约中规定的权利。1870年6月30日，英国副外交大臣汉蒙德写信给新任英国驻华公使威妥玛，竟无耻地说："但是这项宣布（指不批准条约）并不阻止你诱导中国政府出于自愿和单方面的行动，去实现在这个条约里规定的一些办法。"显然，英国人在这次修约过程中又玩弄了一次极为狡诈的外交手腕。

6 反洋教斗争的展开

传教是西方资本主义国家向落后地区进行侵略的一个重要手段，传教士是它们侵略队伍的先锋。在侵略中国的过程中，它们也充分利用了这一武器，两次鸦片战争中，传教士都曾充当谋士或间谍。第二次鸦片战争后，传教士的侵略活动更加扩大，1860年以后由于《天津条约》和《北京条约》中都明确了"护教"条款，而中法《北京条约》文本中又有法方私自加入的关于准许传教士在内地置产的规定，外国传教士更公然地进入内地，大肆活动。这时除天主教教士外，耶稣教教士也开始向内地渗入。在清政府方面，直到1869年始终未发现中法《北京条约》中这一条款是伪造的，竟也糊里糊涂地予以默认了。

这样，从 19 世纪 60 年代起，外国势力便大肆扩张他们在中国的"传教事业"。1870 年在中国的外籍天主教传教士已达 250 人左右；耶稣教传教士也由 1858 年的 81 人，增至 1864 年的 189 人，1874 年的 436 人，其中英国人占 44.5%。尽管英国人没有在内地的居住权，但英国耶稣教传教士却公然深入内地开办传教站，大肆进行各种形式的传教活动。

外国传教士除"传教"外，还大力进行其他方式的文化侵略活动，办医院、办学校、办育婴堂、办报纸是他们的主要手段。他们还依仗着领事馆和领事裁判权的庇护，不接受中国地方政府的管治，以一种特殊身份的人物出现于中国社会，甚至为非作歹，作奸犯科。他们偏袒教民，包揽诉讼，搜集情报，横行乡里，强占田产。基督教教义反对偶像崇拜，教徒不祭天、不祀祖、不拜孔，与中国传统思想和习惯格格不入。地主绅士和官僚认为洋人"通商罔利，情尚可容"，但洋教则是异端邪说，教士为左道疑众之徒，邪说横行，神人共愤。地方官对洋教士插手中国讼事和宣扬异教感到十分棘手，难以处理。久而久之，人民群众开展了反洋教的激烈抗争，所谓"教案"时有发生，成为中外交涉中的经常内容。

1868 年 4 月，台南附近的凤山县埤头，英国耶稣堂被当地人民群众捣毁，中国传教士 1 人受伤，教徒 1 人丧命。英国领事指责地方官纵容行凶，不加管束，立即招来英国兵船，进行威胁。两艘英国兵船于 1868

年 11 月 21 日占据安平，在港内开炮，又绕过炮台登陆，袭击安平协署，杀伤中国士兵多人，焚烧军装火药局仓库。同时，英舰还在海上劫掳中国水师船只，行为野蛮猖狂。英军军官向当地绅商勒索军费银洋 4 万元，迟则开炮攻城。绅商被迫交款后，由道台出面与英国军官交涉，索回 3 万元，但仍被扣下 1 万元充作军费。此事一直闹到北京，总理衙门向英国公使阿礼国表示抗议。阿礼国一再为英军行为辩护，称英军行为并无过错，军官率兵登岸，杀人毁局，乃是惑于人言，总之侵略者本身是有理的。阿礼国还指责中国地方官员没有秉公办案，以致诱发事端。最后肇事者没有受到应有的惩罚，英国也没有向中国道歉，反而迫令清政府赔偿传教士和英商的损失。

1868 年 4 月，还发生了"扬州教案"。英国教士戴德生在扬州城内租赁房屋传教。该处文武生员起来鼓励并号召群众反对，要求传教士撤离。墙上张贴匿名大字报，宣传教士是无恶不作的匪徒，8 月 22 日，愤怒的人群拆毁教士房屋，有的教士被打伤。上海英国领事麦华陀闻讯乘兵船前往镇江调查，并将情况报告两江总督曾国藩。在没有获得满意答复的情况下，麦华陀带领 4 艘军舰驶往南京，强迫曾国藩限期答复，并无理扣留了中国"恬吉"号汽轮为质。这样，曾国藩被迫妥协，一一答应了麦华陀的要求。事件发生后，清政府总理衙门向英国公使抗议英军扣船和带兵强驻扬州之事，但阿礼国蛮横地说这种行为并无不当，而是解决问题的最佳办法。他还指责清政府官员顽固保守，不守条约。事实上，这一事件首先是英国人不遵守条约，擅自在不是通商口岸的扬州居住和建筑教堂而引发，至于带军舰入内河，在扬州城内驻军300人，更是毫无道理、毁约逞强的行为。

这一时期最为突出的是"天津教案"。《北京条约》签订后，天津被开为通商口岸，英国等国在天津还霸占租界，大建教堂，从而激化了与天津民众的矛盾。当时，有人揭露奸民迷拐幼童案件与教堂有关，消息传开，人心激愤。天津府县官员前往教堂查讯拐犯，法国领事丰大业公然庇护凶犯，悍然对中国官员开枪行凶。群众怒不可遏，当场将丰大业击毙，随后举火焚毁法国教堂、育婴堂、领事馆及英国、美国教堂4所，杀死洋教士、洋商人等20人。这次反洋教斗争的矛头主要针对法国天主教教士，但也波及英国教堂，有1名英国修女被击毙。为此，英、美、法、普、俄、比、西七国联合向清政府提抗议，警告总理衙门要注意保护在华洋人的生命财产。各国还派军舰到天津海口和烟台一带进行威胁，英国公使威妥玛更是一再"以兵力恫吓"。慑于列强的压力，清政府派出曾国藩和李鸿章到天津"查办"，他们一味媚外，丧尽天良地对无辜的爱国人民重刑镇压，最后拟出了一个"正法之犯20人，军徒各犯25人"的名单，并将天津知府和知县革职治罪。正如曾国藩说的，"委曲迁就，冀以消弭衅端"，"但冀和局之速成，不问情罪之当否"。此外，清政府还答应赔款50万两，向各国道歉。就是这样，英国政府仍不顾事实，命令威妥玛照会总理衙门，指责办案未免情重法轻。

在反洋教斗争中，清政府的卑怯屈辱和广大人民群众的坚强不屈形成了强烈对照。当时中国人民用各种方式进行反洋教斗争。天津人大量制作教案刻版画，这些作品充分反映了洋人的残暴蛮横。洋人看到后大为恼怒，逼迫天津地方官员查禁这类刻版画。威妥玛联合各国公使威胁总理衙门，如果不禁止刻版画，必然导致中外失和。总理衙门又屈从于威妥玛等外国势力的压迫，命令天津地方官员严禁此画。但是人民群众中制作传阅刻版画的情况是无法禁绝的。

四　英国在帝国主义瓜分中国狂潮中

✎ 19 世纪末中英关系的背景

1861 年，清咸丰帝在热河病死，同治帝继位。清王朝进入了一个长达 40 多年的慈禧太后"垂帘听政"并把持清政府最高权力的时代。这时的清王朝政治经济基础已极不稳固，内外交困，政权摇摇欲坠，已走到了封建社会的尽头。与此同时，清王朝在竭力维持其腐朽没落的封建统治的过程中，也进一步加深了与西方资本主义列强的妥协和勾结，英国人赫德在西太后当权的同一时期，窃居中国海关"总税务司"职位长达 45 年之久，对清政府的对外政策影响尤为显著。

慈禧太后所代表的是封建统治阶级的利益，赫德所代表的是帝国主义首先是英帝国主义的利益，联结两者之间的桥梁则是代表封建买办阶级利益的洋务派。在大约同一时期，洋务派在外交事务上具有最大权势的人物是李鸿章。李鸿章自 1863 年任江苏巡抚兼南洋大臣后，开始干预外交事务。1870 年他继曾国藩当上了直隶总督兼北洋大臣，直到 1901 年病死，其间除曾一度调任他职外，始终把持着外交大权，一切重要的对外交涉几乎无不由他一手主持。30 多年来他的对外交涉原则，便是调和封建统治阶级和帝国主义利益，在反人民的共同基础上，拟订出最有利于清王朝政权的对外政策，并付诸实施。

从 19 世纪 70 年代起，国际形势有了重要的发展。1873 年的世界经济危机标志着垄断前的资本主义已经发展到顶点，自由资本主义开始向帝国主义阶段过渡，各资本主义大国之间为实现其垄断世界经济的目的，争夺市场、原料和投资场所的斗争日益加剧。同时，资本主义发展的不平衡性更为突出，老牌的资本主义国家英国和法国，逐渐被后起的资本主义国家美国和德国赶上，沙俄、日本等国也迅速崛起。世界资本主义的发展状况，对中国产生了两种严重而深刻的影响。一是由于资本主义各国力量对比关系的变化，它们之间的矛盾日益尖锐，所谓"合作"在原有的基础上已无法继续；二是它们更加紧了对中国的侵略，妄图借此摆脱它们无法解决的内在矛盾。

就在这一时期，外国对华经济侵略进一步加深，外国商品在中国市场上已开始站稳脚跟。从 1877 年起，中国的对外贸易由一向的顺差转变为逆差，中国的财富大量外流，贫困化日趋严重。在商品输出的同时，资本主义国家对中国的资本输出也在加紧进行。

外国资本输入中国最初和它们的掠夺性贸易有密切联系，如经营轮船航运、开办银行和建设工厂等，主要都是为了便利和扩大它们的贸易侵略活动。外国资本在中国经营的航运业从 19 世纪 60 年代开始，在 1877～1887 年间，外轮在各通商口岸进出口轮船总吨位中占据 63%～74%，其中英商的轮船占绝对多数。1890 年以前，在华外国轮船公司共有 11 家，其中英国占据 8 家，这一时期的英商轮船占外洋和内河航运船只总吨位的 80% 以上，几乎垄断了中国的轮船航运业。

从 19 世纪 60 年代起，外国银行也加强了在中国的侵略活动。第一次鸦片战争后，外国资本即开始在中国设立银行。1845 年，英国丽如银行在香港和广州成立分行，这是外国资本在中国设立的第一家银行。50 年代中，英国有利银行和麦加利银行在中国设立了分支机构。这些银行机构适应英商在中英印间三角贸易的需要，主要经营汇划业务。1865 年，英国汇丰银行成立于香港，同年在上海建立分行。在此后 20 年间，北起天津，南临海口，从东南海上台湾到内地汉口，中国的几十个城市都设有汇丰银行的分支机构，成为英国对华进行经济侵略的主要工具。同时，外国银行业务也不断扩大，特别是开始向清政府提供长期借款，牟取巨额利润并借以获得种种特权。

但是，无论是商品输出还是资本输出的情况，都无法满足英国资本主义贪得无厌的欲望。1873 年和 1882 年的经济危机，促使英国等西方列强进一步谋求扩大其在华的商品市场和夺取独占的投资范围。1883 年英国国会的辩论中，英国议员认为：“迄今为止，我们的对华贸易小得可怜”；“英国最需要的是输出资本，世界上还有什么场所能和中国相比呢?"显然,英国等资本主义国家已经开始策划瓜分中国的阴谋。

19 世纪 70 年代初,在中西交通史上发生了两件大事,为西方列强侵略中国提供了新的方便条件。一是 1869 年 11 月苏伊士运河通航,大大缩短了欧洲国家和中国之间的航程,从英国伦敦到中国广州的航程缩短了 4840 英里;二是 1871 年 6 月 3 日,上海和伦敦、纽约之间开始了电报通讯,从此西方资本主义各国政府指挥它们的在华外交、军事人员进行各种侵略活动,就更加迅捷方便了。

② 马嘉理事件和《烟台条约》

西方列强瓜分中国的狂潮首先带来的是中国的边疆危机。

19 世纪 70 年代起,英国的经济开始落后于美国和德国,它的产品在世界市场上也开始受到排挤。1873 年的经济危机使英国对华贸易陷于持久的不景气状态,对华出口每年平均从 1869～1872 年的 935 万镑下降到 1873～1876 年的 822 万镑。在这种情况下,英国资本家又叫嚷要打开未开发地区的广大市场,指望在中国寻找摆脱危机的出路。这样,英国侵略势力一方面力图扩大既有的特权,特别致力于限制中国政府对中国商人贩运英国货物征收厘金和内地税的权力;另一方面则企图开辟新的市场,特别是四川和云南。为了实现对中国西南诸省的入侵计划,英国加紧了对缅甸的侵略，企图从那里打开入滇通道。

　　早在 1824 年和 1852 年，英国发动了两次战争，占据了下缅甸，为进入中国西南地区打下了基础。1858 年，英国退伍军官斯普莱建议修建一条缅滇铁路，引起了英国商人的强烈兴趣；1867～1868 年，英国当局派人探测这条路线，肯定从缅甸八莫至云南腾越（今腾冲）的路线可以通行；1869 年，英国开辟了溯伊洛瓦底江到八莫的定期航线。此后，英国专门组织了由柏朗率领的探路队，再次从曼德勒北上探测滇缅陆路交通。1874 年 7 月，英国使馆向总理衙门索取 3～4 份护照，供官员从缅甸进入云南"游历"使用，并派马嘉理为翻译，前往云南迎接探路队。这次探路的目的是考察云南边界贸易，包括勘查各个商业路线设施情况，以及提出改进路线设施的方法，探路队的目的地是大理。但是这个探路队不单是三四名官员，而且还有近 200 名全副武装的士兵。1875 年 1 月 17 日，马嘉理在八莫与柏郎探路队会合，2 月 16 日探路队向八莫进发，2 月 19 日马嘉理带领 10 名人员出发，与柏郎约定在蛮允会合。但是 2 月 21 日马嘉理和随行的 5 名中国人在蛮允附近被杀，柏郎在途中也受阻，只得返回八莫。这就是所谓的"马嘉理事件"。2 月 23 日柏郎致电仰光英国总督，称探路队受到中国军队袭击，马嘉理等人被杀。马嘉理事件主要是英国人力图开辟滇缅商路的行动引起边民和地方官员的疑虑而造成的，如果英国人不是武装探路，而真正只是几个人入境游历，这一事件不会发生。

马嘉理事件的消息传到伦敦后，英国首相德比于1875年3月4日训令威妥玛，在交涉中要"记住印度政府派遣柏郎上校所带的队伍到云南去的目的"。英国政府显然执意要实现其入侵云南的计划。不但如此，英国公使威妥玛更乘机向清政府进行勒索，以实现英国多年来所企图达到的一些侵略目的。1875年3月19日，威妥玛向总理衙门提出6项要求：①中国须专人往云南调查，并须有英方官员参加；②印度政府再次派遣第二次探路队入滇；③赔偿白银15万两；④1858年天津条约第四款所给予英国公使的"特权"，应解释为皇帝应予合适的接见；⑤商定办法"保证英国贸易得以免除关税及半税以外的一切课征"；⑥"因中国官员的行动而产生的一切赔偿要求"应立即予以满足。接着从3月24日至31日的一周时间内，威妥玛连递照会10多次，逼迫清政府至少接受前三项要求。当时，中国边疆地区危机重重，法国入侵东京湾，俄国占据伊犁，日本侵略中国台湾、朝鲜。清廷害怕英国仿效这些国家，终于作出妥协。3月30日，总理衙门签发了4份护照，同意2名英国人到云南参与调查处理马嘉理事件，并允许2名英国人入滇探路，赔偿马嘉理家属抚恤金3万两白银。

但是，威妥玛并不以此为满足，1875年8月，他从上海到天津与李鸿章会见，又提出滇案以外的其他要求，并对李鸿章大肆威胁恫吓说："如没有一个成事的把握，改变的凭据，那时候我只好出京，把云南事交与印度节度大臣办理，各通商事交与水师提督办理，

英商税饷概不准完纳。"接着他又向总理衙门提出最后
通牒，扬言英国将以武力迫使中国就范，如果总理衙
门拒绝各条要求，英国与中国断交。威妥玛 8 月 19 日
向外交大臣德比报告表示，这次交涉如不采取军事行
动，则不可能达到目的。威妥玛的压力使清政府感到
恐慌，决定作出一定让步。1876 年 1 月，威妥玛又到
北京交涉，并于 6 月 2 日提出 8 项要求：①总理奏报
事件情况，奏折与皇帝的谕旨都给他过目；②奏折和
谕旨在全国各城市张贴；③涉及英国人的案件由英国
人审判；④颁布谕旨，命令云南当局派 1 名官员会同
英国人调查云南边界情况，拟定贸易章程；⑤英国公
使派领事驻扎云南、四川，察看贸易情况；⑥总理照
会各国公使，同意洋货进口，照例贴子口税单，负责
征收通过税关的商税，并开放奉天大孤山、湖南岳州、
湖北宜昌、安徽安庆、芜湖、江西南昌、浙江温州、
广东甲子、水东（电白）、北海等地为商埠；⑦派特使
赴英国对马嘉理事件表示道歉；⑧赔款，数目由英国
政府议定。威妥玛声称，如果这 8 条被拒绝，他就撤
退使馆人员，建议英国政府占领中国部分领土直至实
现 8 条要求之后才撤退军队。此后，他果然以下旗离
京的决裂姿态离京去沪。清政府此时唯恐英国动武，
赶忙派担任海关总税务司的英国人赫德出面调停。这
样，这场中英交涉的外交主动权始终掌握在英国人手
中。与此同时，英国政府也要求威妥玛迅速解决马嘉
理事件，因此，威妥玛答应在烟台重开谈判。赫德声
称，这是解决问题的最后一着棋，希望总理衙门不要

放过机会。赫德还说，目前中英双方力量悬殊，从中国利益着想，中方应以和气大方、尽量相让为妥，以免谈判破裂，不可收拾。这样，清政府于1876年7月28日委派李鸿章为"钦差大臣"，"全权便宜行事"，前往烟台与威妥玛谈判。

烟台谈判于1876年8月21日开始。当时的国际形势对英国并不有利。英俄在远东问题上发生严重纠纷，在中国，英国也处于孤立状态。因为威妥玛在与中国交涉中独断专行，不和各国公使商量，破坏了各国之间联合侵华的"合作政策"。所以中英烟台谈判时，美、德、俄、奥等国公使齐集烟台"避暑"，图谋参与其事。但威妥玛坚决不允，因为这次谈判，不在于英国夺取一般的商务特权，而是要为自己入侵西南诸省开辟独占的市场创造条件。为了迫使清政府尽快就范，英国一面调动"飞行舰队"停泊于大连湾，进行武力威胁；另一方面故意刁难清政府，提出将云南巡抚岑毓英提京审讯。最后，清政府只得以接受其他条款为条件，力求英方取消将岑毓英提京一议，结果正中英方下怀。1876年9月13日，李鸿章和威妥玛签订了《烟台条约》。

中英《烟台条约》由了结马嘉理事件、优待往来和通商事务三个部分以及一个另议专条组成。

第一部分关于了结马嘉理事件，中国赔偿受害人员家属抚恤款和英方办理此案的花费，总计白银20万两，并派遣使臣赴英国道歉。此外，英国人还获得保留由印度派人员入滇、派遣英方官员在大理府或其他合适地方驻寓察看通商情况等权利。

第二部分关于优待往来，实际上涉及中外司法案件的处理和官方交涉两方面。条约规定，总理衙门将邀请各国公使议定各个通商口岸的中外会审案件的章程，凡是涉及英国人生命财产的案件，英国公使可以派人前往观察。中国人与外国人之间的案件，由被告所属国的官员按本国法律审理。这些规定使英国得以进一步侵犯中国的司法权，而英国人格维纳等赴云南观察马嘉理事件的审理，也就成了英国进入内地观审的先例。另由总理衙门拟订中外官员交往的礼仪条款，使清政府与外国公使的关系和资本主义国家的一般原则相同。

第三部分关于通商事务，最重要的有两点：一是租界免厘，即各通商口岸的租界免收洋货的厘金。消除厘金是外国商人多年来的一贯要求。免除租界厘金对清政府的收入是一种损失，作为补偿，英国表示改变鸦片税收办法，即进口鸦片入口税和厘金一并在海关缴纳，抽收厘金多少，由各省酌办。在海关缴纳后，鸦片即可在中国口岸畅通无阻，不再受到勘查。

二是增加口岸，规定中国增开宜昌、芜湖、温州、北海为通商口岸，大通、安庆、湖口、武穴、陆溪口、沙市6个长江口岸为"停泊码头"，准许停放货物、船只，又准许英国人驻寓重庆，查看四川省英国商人事宜。这些规定给英国对华贸易，特别是扩大对长江流域的货物输入提供了极大便利。

《烟台条约》的附约，另议专条规定，总理衙门同意给探路队发放入藏护照，并派官员照料。探路队可以从印度入藏或从北京经甘肃、青海入藏。

中英《烟台条约》的签订，不仅结束了马嘉理事件所引起的长达一年多的纠纷，更重要的是英国由此实现了它10多年来扩大通商特权的愿望，并为侵入中国西南边疆开辟了道路。由于清政府妥协求和的方针，英国人不费一兵一卒，单靠威胁讹诈的手段，便轻易达到了全部目的，这在中英关系史上是前所未有的，说明自从两次鸦片战争接连惨败之后，清政府对英国人的态度愈加屈服妥协。

《烟台条约》签订后的第四天，即1876年9月17日，清政府即很快予以批准，并先后实行了条约中的多项规定。1876年底，清政府派遣郭嵩焘出访英国，向英国政府递送道歉国书，随即留在伦敦任驻英公使，这是中国第一任常驻西方国家的公使。

英国虽然已享受了《烟台条约》的各项权利，却迟迟不批准条约，也不履行条约中关于改变入口鸦片征税办法的新规定。这是因为，一方面西方列强对条约中某些内容表示强烈不满。1876年8月总理衙门为落实《烟台条约》有关条款，通知各国公使商订中外官员往来礼节、会审案件和口岸内洋货免收厘金的实施办法，俄、美、法、西、德等国公使均表示拒绝。他们反对租界免征厘金一款，认为这无异于表明中国可以在租界以外的口岸对洋货有合理征收厘金的权力。另一方面，印度政府和商人也反对鸦片税厘并征的做法，认为这加重了鸦片关税。在此情况下，英国又企图诱骗中国同意修改条约。经过多年时断时续的谈判，最后英国还是迫使清政府于 1885 年 7 月 18 日签订了《烟台条约续增专约》，鸦片税厘并征维持原议，但规定了一个标准，即每百斤（箱）鸦片纳正税 30 两，厘金不过 80 两，其他如租界免厘和口岸划定租界等改为"日后再行商酌"。这样，英国政府才于 10 年之后的 1896 年 5 月 6 日正式批准《烟台条约》。

𝟛　滇缅边界的中英交涉

中英《烟台条约》的签订，并没有满足英国进一步侵入中国西南地区，甚至占领中国领土的欲望。1885 年，英国发动了第三次侵缅战争，占领了曼德勒，俘虏了缅王并将其流放孟买。1886 年元旦，英国宣布上缅甸为殖民地，成为英属印度的一个省，这样整个缅甸落入英国殖民主义者的手中。

缅甸被英国占领后，随即发生滇缅勘界问题。1885 年冬，清政府驻英公使曾纪泽就缅甸问题向英国外交部交涉，抗议英国吞并缅甸。但是清政府也准备接受既成事实，只要求保持中国与缅甸之间的朝贡关系，使清廷不至于失了"面子"。中英谈判也就在这个基础上最后达成了协议。1886 年 7 月 24 日，双方在北京签订了《中英缅甸条约》。英国同意缅甸每 10 年循例对中国朝贡一次，由缅甸权位最高的大臣来中国呈送贡品，清政府则承认英国吞并缅甸。至于滇缅边界问题，双方同意以后由两国派员会同勘定。因为边界问题没有确定，致使日后纠纷不断发生。

《中英缅甸条约》签订以后，英国忙于镇压缅甸人民的反抗，清政府也对勘界一事束之高阁。直到1892年，英军经常在滇缅边境进行侵扰，清政府才开始同英国谈判边界问题。在1886年的谈判中，英国为了骗取清政府承认英国吞并缅甸，曾提出愿将潞江（怒江）以东之地，自云南南界以外起，南抵暹罗北界，西滨怒江，东抵澜沧江下游之地区，划归中国；大金沙江（伊洛瓦底江）为两国公用；中国并可在八莫附近勘明一地立埠设关。1893年，清政府驻英公使薛福成在和英政府谈判中缅边界问题时，重新提出英国当年的许诺。但此时英国却一口否定，说条约既定，未载入条约的事项，一概无效。清政府无可奈何。1894年3月1日，薛福成和英国政府签订了《续议滇缅界务商务条款》。

这个条约在中缅边界问题上，基本确定了北纬25°35′尖高山以南一段的边界，以北的一段则规定将来详细查明后再定。在滇缅商务方面，英国取得了通商减税特权。条约规定，在批准后6年内，凡经蛮允和盏西进入中国境内的货物，出口税减4/10，进口税减3/10。实际上，这个减税特权被一直沿用下去，没有改变。此外，英国允许中国运货船只可以在伊洛瓦底江航行，与英船一样待遇。

但是，英国自从吞并缅甸之后，就不断向云南边境扩张，20世纪初一再制造片马事件，引起双方频繁交涉。片马地区位于康藏滇缅和阿萨姆诸地之间，地广人稀，物产丰富，土地肥沃，自古是中国领土的一部分。1891 年和 1892 年，英军多次入侵野人山地区即片马地区，并与当地人民发生冲突。1900 年 1 月，英军大队人马再次侵入片马地区的茨竹、派赖等寨，激起当地少数民族和汉族人民的无比愤怒，他们在左孝臣带领下，集合 600 多青壮边民，奔赴片马地区的边防隘口甘稗地抗击英军，左因误中英军诡计，不幸殉难。但这一行动使英军也不敢贸然深入，只得退回缅甸。1910 年 10 月，英军再次入侵，又遭到当地人民的抵抗，清政府驻英公使刘玉麟与英国外交部交涉，英国政府被迫承认片马、古浪、岗房均为中国领土。但他们并不撤军，而是在当地私立界桩，强征户税，建筑房屋，修筑道路。1913 年，英军又集聚大队人马，企图扩大在云南边境的侵略行动，后因第一次世界大战爆发而撤兵。1922 年，英军又卷土重来，占领片马大片土地，建设兵营卫署，企图在当地实行殖民统治。云南省长于当年 12 月 22 日照会英国驻云南领事，英国领事虽口称无意占据片马土地，但拒绝撤军。

1926 年，英军多次出兵强占片马地区西面的江心坡，遭到当地人民的顽强抵抗。为了保持对江心坡的占领，英国不得不稍作让步，愿从片马撤军，将片马交还中国管理，而在致中国官员的正式照会中，又称缅甸当局愿交纳印洋 1500 元，永租片马地区。实际上英国一直未从片马撤军，长期占领这块中国领土，使之成为长期悬而未决的问题。

直到 1960 年中缅两国政府签订了《边界条约》，规定片马、古浪、岗房地区由缅甸政府归还中国，并于 1961 年 6 月 4 日完成交接手续，延续了 60 年的片马问题才终于获得妥善解决。

4 英国对西藏的侵略

英国通过对中国云南的侵略，迫使清政府于 1876 年签订了《烟台条约》，但是仍力图进一步扩大对中国西南地区的侵略，并开始图谋对西藏的扩张。

《烟台条约》规定：允许英国人入藏游历探路，英国人可由内地四川入藏，或由印度边界进入西藏。中国总理衙门应对入藏的英国人发给护照，并派员妥为照料。但是这个条款遭到西藏地方当局和人民的坚决反对，他们表示对入侵的英国人将用武力抗阻，英国侵略者因此迟迟未敢行动。1885 年夏，印度孟加拉省财务部长英国人马考蕾到伦敦游说，英国政府于是决定派马考蕾带领"考察团"入藏，并命他先到北京交涉，取得清政府的同意。清总理衙门鉴于西藏地方当局和人民的坚决反对，深恐英国人入藏将引起新的纠纷，不愿答应，但经不住英人的胁迫，最后只得发给护照。1886 年初，马考蕾在印度大吉岭组成"考察团"，除"考察"人员外，还有卫队印兵 300 余人。清政府得知英国准备派往西藏的"考察团"带有大批军队，对英国的意图不免产生疑惧。西藏地方当局和人民听说英国人带兵入藏，更为义愤，坚决表示不能容许。这样，总理衙门只得请求英方暂时停止派马考蕾入藏，愿以立即承认英国对缅甸的吞并作为交换条件。

这样，英国只得暂时放弃派员入藏的计划。

除了派员入藏，还有通商的问题，英国要求藏印边界开展贸易，清政府则希望通商地点远一点为好。当时清政府驻藏大臣文硕主张：如果开办通商，只能以哲孟雄（即锡金）的大吉岭为地点，不得再向内移。清政府这样做，主要是避免英国人在西藏边境活动，以杜绝其入藏图谋。但是，英国的通商要求，遭到了西藏地方当局和人民的坚决反对。

英国为了达到入侵西藏的目的，加紧了各种准备。他们在锡金境内修路、架桥、建驿站，开辟进藏通道，"招雇游民做向导"，并秘密越过西藏边境隆吐山侦察。英国的种种军事活动引起了西藏地方当局和人民的警惕，他们从锡金和不丹政府那里获悉了英军入侵阴谋，因此决定在隆吐山建卡设防，堵截英军入侵西藏的道路，保卫西藏领土。这本是西藏人民无可非议的正常防卫权利，但英国政府却对此发出强硬照会，对西藏人民进行威胁恫吓。1886 年 11 月，英国驻华公使华尔声称，藏人在边界外建立炮台，意在阻止通商。1887年 5 月，华尔又蛮横地说，隆吐山不是西藏领土，英军准备派兵驱逐西藏守军。这样，英国悍然发动了对西藏的侵略战争。

1888 年 2 月，英军 2000 多人集结西藏边境。3 月20 日，英军向隆吐山下扎鲁隘口发动进攻。面对人数众多、装备先进的英军，藏军同仇敌忾，用极为原始的武器，打退了敌人多次进攻，给英军以重创。最后，英军用大炮多次轰击藏军阵地，3 月 25 日，隆吐、纳汤相继被英军占领。为了迫使西藏人民屈服，英国继续向边境增兵，部署军队达2300人之多，并配备了9门大炮。但是，西藏各界人民团结起来，决不屈服。他们拒绝听从清政府不抵抗、不复仇的命令，准备与英军决战到底。

隆吐山失守后，清政府急忙派升泰为驻藏帮办大臣，赴藏与英国人讲和。1888年7月5日，升泰到达西藏，他先是要求藏军后撤，压制西藏人民的抗敌热情，同时又亲赴前线与英军讲和。但是，7月20日和25日，英军开始用大炮猛烈轰击藏军阵地，挑起新的战火。到9月24日，英军转入全面进攻，藏军支持不住，被全面击溃。这一仗，藏军被动挨打，伤亡惨重。至此，英国发动的第一次侵藏战争告一段落。

第一次侵藏战争是在英军获得胜利，清政府妥协求和的情况下停火的，这使英国在谈判中处于有利地位。1888年12月22日，升泰和英方代表保尔在英军营地举行谈判。英方一再提出多项无理要求，而对中方要求英国撤军却置之不理。谈判中，英军坚持武力讹诈，在西藏边界附近开山修路，建屋筑垒，添置大炮，补充兵员。1889年2月，赫德的弟弟、英国人赫政被派到西藏，名为升泰的译员和代表，实际上与英军秘密勾结，掌握了谈判大权，把升泰玩弄于股掌之中。在英方的胁迫之下，1890年3月17日，中英双方在印度加尔各答正式签订了《中英藏印条约》8款，要点是：

（1）哲孟雄（锡金）为英国属国，非得英国允许，不得与任何外国往来交涉；

（2）中英两国互不侵犯藏哲边界；

（3）换约 6 个月后，双方派员会商关于通商、游牧及官员交涉方式等问题。

《中英藏印条约》于 1889 年 8 月 27 日在伦敦交换批准后，双方于 1891 年 2 月继续谈判，讨论未决之问题。1893 年 12 月 5 日，双方在大吉岭签订《中英藏印续约》9 款。其大要为：

（1）通商方面，自 1894 年 5 月 1 日起开放亚东为商埠，免税 5 年，5 年限满后，另订税则；

（2）今后中印双方的官员交涉，印度文件由驻锡金官员交给中国边务委员，西藏文件由中国边务委员交给印度驻锡金官员；

（3）游牧问题，自亚东开关之日起，一年后凡藏人仍在锡金游牧者，应照新定章程办理。

《中英藏印条约》和《续约》是英国继发动鸦片战争，在中国东南沿海打开中国大门半个世纪之后，再次以武力打开中国西南边陲西藏地区的大门。英国侵占了中国藩属锡金，以及西藏南部边境的日纳、纳汤，直至咱利拉一带的领土。从此，西藏漫长的边境线直接处于英国的威胁之下。同时英国商品可以通过亚东等地源源不断地涌入西南各省，而这一地区的农产品也源源不断地进入印度。从此，西藏再也不是一个封闭的社会了。

1893 年《中英藏印续约》签订后，英国初步实现了打开西藏门户的侵略目的。1894 年藏印边界的亚东正式开市，此后藏印间的贸易几乎逐年都有增长。但是英国殖民主义者对此仍不满足，他们立意要向北推进，把市场由亚东推至帕里。他们利用 1890 年《中英藏印条约》对藏锡（哲孟雄自 1890 年被英国吞并，改称锡金）边界的含糊规定，制造边界纠纷，强指西藏境内的甲冈在锡金界内，指责藏族人民侵越边界。英国当局的目的是利用甲冈作为要挟条件，以换取西藏当局对市场北移问题的让步，这个阴谋遭到了西藏地方当局的坚决反对，他们认为只有恢复原有的边界后，才能商谈贸易问题。这样，从 1894 年以来，英国就蓄意制造市场和边界纠纷，准备等待时机，利用这两个问题，扩大对西藏的侵略。

1895 年 8 月，西藏十三世达赖成年亲政，这时正值中日甲午战争之后，清政府的腐败无能更为暴露，十三世达赖面对英国的侵略威胁，看到清政府不足依靠，转而向俄国求援，沙俄势力便乘机进入西藏大肆活动。沙俄在西藏的活动引起了英国的注意。1899 年 1 月，寇松出任印度总督，力主英国应对西藏采取急进的侵略政策，积极地和沙俄进行争夺。寇松认为首先必须实现两个目标：一是把市场自亚东移到帕里，因为帕里位居险要，一过帕里便可长驱直达拉萨；二是要打破惯例，不通过清政府官员而和西藏地方当局直接建立关系。实现这两个目标的最终目的是，加强英国对西藏的政治影响，使西藏完全受英国的控制。1899 年～1901 年，寇松多次企图和西藏地方当局建立直接通信关系，但均未得逞。同时，在关于藏锡边界的谈判中，英方提出的改移市场的要求也被中国方面拒绝。

1902 年 2 月，寇松决定利用边界问题对西藏进行挑衅，这个计划得到了英国政府的批准。6 月，英国驻锡金政治专员怀特带领军队 100 人，侵入甲冈，将该地藏民强行逐出，这样就开始了武装侵略西藏计划的第一步。1903 年 6 月 3 日，寇松再次派怀特和荣赫鹏上校带领武装卫队 200 多人和输送队 300 余人，越界强入藏境，不顾中国官员的劝阻，侵入干坝宗，开始了武装侵藏行动的第二步。1903 年 11 月，英军组成一支 2000 多人（后增加到 8000 人）的侵藏军队，以荣赫鹏为政治首领，麦克唐纳准将为军事首领，于 12 月10 日偷越咱利拉，13 日侵占仁进岗，14 日占领春丕，21 日占领帕里，并继续向江孜推进，开始了英国武装侵藏的第三步。1904 年 4 月，英国军队进抵江孜，遭到藏军的坚强抵抗，但由于清政府一味妥协退让，一再阻挠西藏军民抗击英国侵略，加上藏军装备简陋，缺乏有效的统一指挥，到 7 月初，英军终于攻占江孜。这时，英国政府早已批准进军拉萨的计划，英军继续推进。8 月 3 日，英军攻陷拉萨。英军进入拉萨后，大肆抢掠，犯下了滔天罪行。

英军占领拉萨后，首先谋求同西藏签订条约。寇松指示荣赫鹏列出迫使西藏签订条约"应该索取的条款"，荣赫鹏拟出草约后送交清政府驻藏大臣升泰，强令接受。面对英军武力威胁，升泰卑躬屈膝，不顾西藏各界人民的反对，竟背着清政府，擅自于 1904 年 9月 7 日，与英方签订了《拉萨条约》。

《拉萨条约》共 10 款，是一个奴役和掠夺西藏的不平等条约，其中涉及巨额赔款，吞并边境地区，扩大通商特权等方面，尤其是把西藏直接置于英国的军事和政治控制之下，甚至根本没有提及中国对西藏的主权。这个条约遭到了全中国人民的强烈反对，清政府也大为不满，因而拒绝批准，指责这一条约的订立是非法的，应由清政府与英国另订条约。

1905 年 1 月，清政府任命唐绍仪为全权代表，前往加尔各答同印度政府谈判。经过反复交涉，1906 年 4 月 27 日，中英双方签订了《中英续订藏印条约》6 款。该条约规定：

（1）英国同意不占领西藏领土，不干涉西藏一切内政；

（2）中国同意不准其他国家干涉西藏事务；

（3）《拉萨条约》作为附约，其中"铁路、道路、电线、矿产或别项权利"，英国承认只有中国独能享受，其他国家不能享受。

《中英续订藏印条约》的签订，实际上迫使清政府同意了《拉萨条约》，只不过英国政府迫于国内和国际形势的压力，也为了对清政府稍作安抚，而作了一点让步罢了。

☁ 英国与列强"瓜分"中国的矛盾和争夺

19 世纪 90 年代，帝国主义列强在瓜分世界殖民地的过程中矛盾和冲突不断加剧，并开始出现相互对立的军事集团。这种矛盾和冲突在帝国主义列强瓜分中国，争夺对中国控制权，划分在中国的势力范围方面也十分明显的表现出来。英国作为最早侵略中国的国家，在华获取的利益最多、最大，因而与其他帝国主义列强的矛盾也最尖锐。英国在这一时期不仅要保住在华的既得利益，更要力求扩大其势力范围，取得更多的特权。

甲午战争之后中日签订了《马关条约》，清政府为了偿付对日第一期赔款，通过赫德向英国汇丰银行商洽借款。各国闻讯，都竞相兜揽，因为它们看到提供清政府这笔巨款，不但可榨取优厚的利润，而且还可以乘机索取其他特权。这其中俄国最为积极，它联合法国，充分利用干涉日本归还辽东的优势，于1895年7月6日与清政府签订了《四厘借款合同》，其中特别声明"无论何国何故，决不许其办理照看税入等项权利。如中国径允他国此种权利，亦准俄国均沾。"显然，这是针对英国对中国海关的控制权而发的，沙俄企图借此次借款与英国争夺对中国海关的管理权。

俄法在中国的扩张使英国在中国原有的侵略优势受到威胁，英国急起和俄法进行激烈的争夺。1896年3月23日，英国和德国联合，击败俄法，与清政府签订了《英德借款详细章程》。在借款总额1600万英镑分36年归还项内，英方强调"此次借款未付还时，中国总理海关事务应照现今办理之法办理"。这样就保证了在36年内英国对中国海关的控制权，抵制了俄国的争夺。

英国在法国对中国西南的争夺方面采取既与法国达成妥协，又加强对清政府勒索的策略。1896 年，法国取得了从越南月登至广州龙州间的铁路修筑权。英国立即向清政府施加压力，索要新的权益。1897 年 2 月 4 日，清政府被迫与英国签订了《续订缅甸条约附款》，规定将野人山领土让与英国，南坎地区租给英国管辖；英国取得修建云南铁路权利；梧州、三水和江根墟开为通商口岸等。这些规定一方面使英国商业势力深入两广内地，另一方面加强了英国在和法国争夺西南各省市场中的地位。

1897 年，英俄为争夺第三次对日赔款借款又起冲突。俄方力图使东北、华北成为它的独占势力范围，而且还要控制中国的最主要财政税收。而英国则要继续保持对中国财政税收的控制权，巩固已得的势力范围，进一步扩大它的商业侵略，抵制法俄在华南、华北的不断扩张。面对英国的步步紧逼和威胁，清政府不得不妥协退让。1898 年 2 月 11 日，总理衙门照会英国公使，保证不将长江流域的领土抵押、租借或割让给"另一国家"；保证在英国对华贸易在中国对外贸易中占有首位期间，海关总税务司继续由英人充任；将内地河流一概开放，准许外国汽船航行。最终，英德联合取得了第三次对日赔款借款权。1898 年 3 月 1 日签订了《英德借款合同》，借款总数为 1600 万英镑，年利四厘五，实收 83%，这是惊人的盘剥。偿还期 45 年，不得提前偿清，在此期间"中国总理海关事务应照现今办理之办法办理"。英国又一次巩固了其对中国海关的控制权。

英国在争夺中国权利的时候，特别重视攫取铁路投资权和修筑权，因为铁路投资不仅是输出资本获取高额利润的一种手段，而且是发展和巩固势力范围的重要工具。通过修筑铁路，可以从英国所控制的据点，将侵略势力伸入到作为自己势力范围的广大内地，以加强对这些地区的政治、经济、军事控制。1898 年 5 月，英国取得了沪宁铁路的修建投资权，着手实现它所拟订的长江流域铁路系统计划。但是，面对长江流域这个中国最富庶的地区的诱惑，其他帝国主义列强决不甘心让英国独享其利。德国首先出来阻挠，要分享这一权利。俄法集团则通过比利时银团于 1898 年 6 月 26 日与清政府签订了《卢汉铁路借款详细合同》和《卢汉铁路行本合同》，俄法集团通过加强对卢汉铁路的控制，借以达到渗入长江流域的目的。

当俄法集团与清政府进行卢汉铁路合同谈判时，英国汇丰银行于 1898 年 6 月 7 日和督办津榆铁路大臣签订了《关内外铁路借款草合同》。英国取得了从北京到牛庄（营口）铁路的控制权，实际上就是对沙俄在满洲的势力范围的进攻，这样就有更大的本钱和沙俄进行交易。

1898 年 8 月 12 日，清政府批准了卢汉铁路合同。5 天后，英国又乘机向清政府要求修筑 5 条铁路：①天津至镇江；②山西、河南至长江；③九龙至广州；④浦口至信阳；⑤苏州至杭州或宁波。这些铁路除广九路以外，均分布于长江流域，它的作用在于抵制俄法集团的卢汉铁路计划，并进一步发展和巩固英国在长江流域的侵略势力。同时，津镇铁路经过山东，也是对德国在山东的势力范围的进攻，同样可以用作与德国谈判的本钱。为了迫使清政府答应这些要求，英国政府命令英国公使和驻华英国舰队司令商议，做好准备，以武力相威胁。这样，1898年9月6日，总理衙门接受了英国提出的除津镇铁路以外的全部要求。

英国勒索到上述铁路权利，一方面扩大了它在华北、华中、华南的侵略势力，一方面也使自己居于更有利的地位去和其他国家进行分赃谈判。1898年9月2日，英国的中英公司和德国银团达成协议，划定两国在中国的铁路利益范围。英国的利益范围是：长江流域、长江以南各省和山西省包括自山西到卢汉线上正定以南和穿过黄河流域连接长江流域的铁路；德国的利益范围是：山东省、黄河流域和自黄河流域连接天津及正定或卢汉线上其他地点的铁路。关于津镇铁路，双方同意合资修筑，英国修筑山东以南的一段，其余由德国修筑，全线贯通后，双方共同经营。1899年5月18日，清政府按照英德协议和英德银团签订了《津镇铁路借款合同》。这样，英国在长江流域的铁路势力范围首先得到了德国的承认。

1898年4月，美国华美合兴公司取得了粤汉铁路的投资修筑权；1898年9月，英国取得了修筑广九铁路的权利，双方为此发生争议。1899年2月1日，英美双方经过谈判达成协议，规定今后双方对彼此在中国取得的任何企业上的利益，应以其一半许给对方分享，这个协议适用于粤汉铁路和广九铁路。这样，英国在长江流域的侵略地位更得到了加强，并且在中国获得了一个有力的侵略伙伴。

在这种形势下，沙俄不得不谋求与英国达成划分势力范围的协议，1899 年 4 月 28 日，英俄双方经过长时间谈判，终于达成一个协定。此协定规定，英国不在长城以北，俄国不在长江流域，谋取铁路权利，或阻止对方取得铁路权利，这样就实际上承认了彼此在长江流域和东北的势力范围。

1895～1898 年这三年间，帝国主义列强在中国共掠夺了长达 6420 英里的铁路建筑权。其中英国占有 2800 英里，俄国占有 1503 英里，德国占有 720 英里，比利时占有 650 英里，法国占有 420 英里，美国占有 300 英里。英国取得的铁路修筑权最多，约占 44%。此外，英国在其势力范围和所控制的铁路沿线取得的矿区开采权也是最多的，主要有：山西平定、盂县、潞安、泽州、平阳的煤、铁、石油矿，北京—牛庄铁路沿线的煤铁矿，热河南票的煤矿，怀庆左右黄河以北的煤矿及各种矿藏，四川全省的煤、铁、石油等矿。显然，在这场帝国主义列强瓜分中国的狂潮中，英国仍然是获取侵华利益最多的"赢家"。

6 英国强租九龙半岛和香港界址的拓展

在 19 世纪 90 年代帝国主义瓜分中国的狂潮中，

各国除了在中国大肆划分势力范围，争夺铁路修筑权和矿产开采权外，还处心积虑地通过"租借"中国领土的方式，妄图永久占领中国的重要港口。这其中，最先得手的是德国。1897 年 11 月 4 日，德国舰队占领胶州湾，1898 年 3 月 6 日，它强迫清政府签订了租借胶州湾条约。此后，俄国于 1897 年 12 月 15 日派舰队占领了旅顺口，1898 年 3 月 27 日，迫使清政府签订了《旅大租地条约》。法国不甘落后，于 1899 年 11 月 16 日迫使清政府签订了《广州湾租界条约》。日本也于 1898 年 4 月 22 日与清政府交换照会，确定了它在福建的势力范围。

面对这一形势，英国表现出更为贪婪的野心。1898 年 3 月 25 日，英国获悉俄国租借旅大后，立即命令舰队从香港开赴渤海湾，并向清政府声明，由于俄国租借旅大，英国也要租借山东威海卫停泊军舰。清政府屈服于英国压力，于 7 月 1 日与英国签订了《订租威海卫专条》，规定威海卫附近海面 10 英里地方租与英国，租期与俄国驻守旅大的时间相同，所租地区专归英国管辖，但中国军舰亦可在威海卫停泊。英国在获得威海卫租借权的同时，又同时提出了拓展香港界址的要求。

英国通过两次鸦片战争，强迫清政府割让香港岛（75.6 平方公里）和南九龙半岛（11.1 平方公里）两地面积 86.7 平方公里。但是英国政府仍不满足，《北京条约》签订后不久，香港当局就擅自扩大南九龙地区，侵占了深水埗，并企图占领鲤鱼门设立炮台。

1884 年香港军方曾提出夺取整个九龙半岛以及附近海面的设想，但未获接受。香港总督当时认为大规模扩展领土的时机尚未成熟，到 90 年代，英国有一批侵华激进派在伦敦成立了"中国协会"，同时在香港和上海成立分会，密谋策划拓展香港界址。

1894 年中日甲午战争爆发后，英国政府认为时机到了，借口维护香港安全，要求把香港界址扩大到大鹏湾和九龙半岛全部。1898 年 4 月 10 日，法国强迫清政府应允租借广州湾，英国公使窦纳乐闻讯，即于次日向总理衙门提出交涉，声称广州湾租与法国，危及香港安全，要求拓展香港界址以相抗衡。从此中英双方开始了一场拓展界址的谈判。在谈判中，窦纳乐一再威胁，如果中国不答应香港就地扩界，英国将强占浙江舟山或福建一带的口岸，以确保英国的权利。清政府屈服于压力，终于答应了英方的扩界要求。1898 年 6 月 9 日，李鸿章和窦纳乐在北京签订了《展拓香港界址专条》，从 7 月 1 日起实行，租期 99 年。此后，广东补用道王存善和香港辅政司骆克，分别代表中英双方会勘界址，并于 1899 年 3 月 19 日签署了《新界北线定线备忘录》。这样，深圳河以南、界限街以北的九龙半岛地区，以及附近 200 多个大小岛屿，被英国强行租占了。这个地区统称为"新界"，总面积达975.1 平方公里，占新安县总面积 2/3。英国占有了这块新的租借地后，极大地增强了它在华南的地位及势力。

1899 年 4 月，英国派兵进占九龙半岛，九龙人民立即展开了保卫家乡国土的斗争。他们募集了款项，置备了武器，并在大埔山坡开挖坑堑，抗阻英军。他们同英国侵占军进行了 3 天的英勇战斗，终因力量悬殊而告失败。

经过 50 多年的扩张，到 19 世纪末，英国侵占的香港面积已达 1061.1 平方公里。由于它既是英国在远东转运贸易的中心，又是英国对东亚一个大国进行扩张侵略的基地，因此英国政府十分重视对香港的统治。

英国从占领之初就把香港作为殖民地的政治体制建立起来。1841 年 1 月英军登陆香港岛，统领巴顿将军随即宣布香港为英国属地。2 月 1 日，义律又向岛上居民宣布设立裁判官和港务官，这是香港殖民政权的雏形。至 1843 年 4 月和 6 月，英国先后向璞鼎查颁发《英皇制诰》和《皇室训令》，正式宣布香港为皇领殖民地，任命璞鼎查为总督。《英皇制诰》又称《香港宪章》，它规定香港作为殖民地的政治体制，颁布香港殖民地政府组织的基本法则。宪章规定总督为英皇统治香港的全权代表，是香港的最高首领和三军总司令，独揽立法和行政大权。总督下设立法、行政两局，辅助行使殖民地统治权。另有市政局、布政司署、警察署等机构。《皇室训令》具体说明宪章执行的细则，它确定了行政、立法两局的组成，以及总督在两局的权力。香港的整个政治体制是为巩固英国的殖民统治服务的。政府各个部门大小官员均为英国人，他们是统治者，中国人是被统治者，在政治上毫无权利，只能任由英国人宰割。1898 年香港人口有 254400 人，由于强租新界，人口激增，到 1902 年达到 361206 人，其中 97% 以上是中国人，他们受着英国殖民者和港英当局的残酷奴役和统治。

同时，香港还是世界上三大天然良港之一，港阔水深，可以同时停泊 100 多艘远洋巨轮。良好的港口条件，促使香港发展成为一个转口贸易港。

英国占领香港后，出于发展贸易的需要，立即着手建设港口设施，制定港口法例，建筑天文台和灯塔等，以推进航运事业的发展。到 19 世纪 60～70 年代，香港的港口基本设施、船坞和码头仓库等逐步建立起来，航运业繁荣兴旺，进出口船只和货运量与日俱增。1870 年进出口船只为 4791 艘，货运量为 2640347 吨，比 1860 年分别增长 1903 艘和 1084702 吨，增长幅度分别为 65.8% 和 69.7%。到 1880 年进出口船只达到 5775 艘，货运量达到 5078868 吨，又分别比 1870 年增长 984 艘和 2438521 吨，即增长 20.5% 和 99.9%。到 1890 年，进出口船只达到 8219 艘，货运量达到 9771743 吨，又比 1880 年分别增加 2444 艘和 4692875 吨，增幅分别为 42.3% 和 92.4%。1890 年中国进口货物的 55%、出口货物的 37% 都是从香港转运的。

航运业的发展带动了香港地区和欧美贸易的进一步发展，19 世纪 70 年代，已有 15 个国家和地区在香港设立了领事馆。

与此同时，香港也开始成为国际金融业活跃的地区。1845 年香港出现了第一家银行——东方银行，以后陆续开设的银行有：有利银行（1857）、渣打银行

（1859）、印度商业银行（1863）、阿格拉联合银行（1863）、西印度中央银行（1863）、汇丰银行（1865）等。其中尤以汇丰银行在金融界影响最大，它在港英当局的支持下，资产总值达 500 万元，在吸收存款、发行货币、控制贸易、垄断国际汇兑、为外资在华企业提供资金等方面，发挥着远远超过其他银行的巨大作用。19 世纪 60 年代香港发行的 1700 万元货币，其中汇丰银行一家就占有 1000 万元。

转口贸易的发展也带动了香港地区工商业的发展。1888～1889 年香港注册的工商机构有 35 家，资本总额在 950 万元以上。其中洋商集资的企业"香港置地公司"规模最大，资本额达 500 万元。

7 英国的东南互保政策

19 世纪晚期，英国已在中国拥有巨大的政治优势和经济利益，投资多，贸易量大，并且把长江流域作为它的势力范围。从 1898 年开始，反帝的义和团运动在中国北方迅猛发展，使上海等地的帝国主义列强，特别是英国惊恐异常，他们担心这场反帝斗争会毁坏他们在华的侵略地位和特权。当时，英国驻华公使窦纳乐和海关总税务司赫德被困在北京，与外界消息隔绝，于是英国驻上海代总领事霍必澜应时而起，在江苏海关税务司英国人安格联的支持下，主动扮演了保护英国在华利益，阻止北方反帝运动向南发展，进而分裂清政府的角色。1900 年 6 月 14 日，霍必澜电告英国外交大臣索尔兹伯里说，从北方传来消息，那里的形势越来越坏，长江流域的任何骚乱必将造成对英国的巨大损失，他建议英国给清政府两江总督刘坤一和湖广总督张之洞以海军支援。这时，英国政府也正密切注视中国的严重情势，担心其他国家乘机侵入长江，破坏它的优势地位，前一天已命令海军部采取措施，防止其他列强进行干预，阻止它们强占舟山和长江炮台。因而，索尔兹伯里授权霍必澜向刘坤一、张之洞提出由英国军舰全力支持以维护秩序的保证措施，同时命令海军部分别派军舰去南京和汉口转达英国政府的决定。英国勾结中国地方实力派应付困难局面，实行所谓"互保"，使长江流域中立化，不介入对外战争，既可以镇压当地群众的反帝斗争，又能够在"互保"的名义下排除其他列强趁机侵入长江流域，这对英国是最为有利的。

英国的主张得到了中国买办官僚和地方实力派的欢迎。两江总督刘坤一的辖区位于长江下游，帝国主义在中国最大的侵略据点上海又在其境内，英国的支持使他喜出望外。1900年6月16日他对英国驻南京领事孙德维说：他欢迎英国海军的保护，盼望英舰早日到来，并愿意尽力维持长江一带的和平。湖广总督张之洞的辖区位于长江中游，他虽然也欢迎英国的支持，但方式同刘坤一不完全相同。他告诉英国驻汉口总领事法磊斯：他感谢英国政府的支援，但不打算接受海军保护，因为英舰若进入长江，其他列强也会仿效，局面会变得复杂起来，他不能对因此发生的后果负责。

张之洞表示，要与刘坤一一起维持秩序，保护洋人，相信暂时不至于发生什么重大事故。如有需要，保证立即与英国商量。张之洞、刘坤一电商后，6月18日联合致电驻英公使罗丰禄转告英政府，他们有足够力量维护长江流域和平，不需要英国军舰的保护。

但是事态的发展完全出乎英国政府的意料。义和团与清政府联合起来进攻各国驻华使馆，英国积极参与的八国联军攻占大沽口，向天津、北京进犯时遭到了顽强的抵抗，军事进展缓慢。而且一贯奉行投降政策的清政府于1900年6月21日向各国宣战，形势发生了逆转。英国为使东南一带避免战争，进一步加紧了与东南地方高级官员的勾结，支持地方势力另立门户，利用他们保护英国在长江流域的特权。

从6月中旬开始，英国驻上海、南京和汉口的领事，分别与大买办盛宣怀以及刘坤一、张之洞频繁接触，策划互保事宜，草拟互保约款，安排谈判的技术细节，等等。6月21日清政府对各国宣战后，上述谈判活动加紧进行。6月24日，盛宣怀致电李鸿章、刘坤一和张之洞，建议封锁清政府宣战的消息，抓紧时间迅速通知上海道台与各国领事订约，明确规定上海租界归各国保护，长江内地归督抚保护，各有专责，两不相扰。刘坤一和张之洞对盛宣怀的建议完全同意，要求他帮助上海道台迅速同英国等领事妥议互保办法。

1900年6月26日，上海道余联沅会同盛宣怀与各国领事在会审公廨会谈，最后共同议订了《东南互保章程》9条和《上海城厢内外章程》10条。前者的主要内容是：长江及苏杭内地，各国商民、教士产业，由督抚切实保护；各口岸的外国军舰照常停泊，但未得中国督抚商允，不得多派兵船驶入长江；上海制造局、火药局的军火，只限于剿匪和保护中外商民之用，等等。后者的主要内容是：上海租界由各国巡防保护；严拿流氓、土棍；吸收游民筑路、治河，以消患于无形；添募巡捕，在城厢内外昼夜巡逻；租界周围由中国军队搭盖棚帐，驻守保护。

约款签订后，英国深感满意。6月27日，上海领事团致函余联沅，对东南督抚表示感谢。同时声明，八国联军在大沽口用兵，目的是攻击"团匪"，只要东南督抚在其辖区维持外国人的权利，各国无意在长江流域用兵。

刘坤一、张之洞竭力迎合英国等洋人的需要，忠实地贯彻"靖内乱，保商务"的政策。他们鼓励各省督抚赞同互保约款，以扩大互保范围。6月27日，刘坤一和张之洞分别致电江西、湖南、四川、福建、浙江等省督抚，要求共保大局。于是，除了原来参加订立约款的江苏、安徽、江西、湖南和湖北外，山东、广东、浙江、福建各省都明确表示与两江和湖广采取一致立场，纷纷要求加入互保区域。其他如四川、陕西、河南诸省督抚也不同程度表示赞同。东南互保连贯10多个省，声势之大，实所罕见。

但是，当清朝中央政府对外国宣战的时刻，地方督抚却与外国订约互保，这实际上带有明目张胆的分裂意味。这也说明地方实力派和中央当权派在对外政策问题上存在矛盾。但是这并不意味着刘坤一、张之洞将决意与中央政府分庭抗礼，相反地，他们一直力图使清政府承认其活动的合法性。6月26日，即订立互保约款的当天，刘坤一和张之洞共同致电上奏，请求清廷考虑转变态度，收回对洋人开战的成命，否则战祸蔓延，东南各省亦受其害，饷源断绝，全局将不可收拾。他们坚持认为只有委曲求全，保护洋人在华的特权，才能稳住各国，保存疆土。

数月之后，时局终于出现了有利于刘坤一、张之洞等东南官僚的转变。1900年8月14日，八国联军攻占北京，慈禧、光绪帝仓皇出逃。这时，慈禧才觉得向洋人宣战是她一生中所犯的"惟一错误"。辛丑条约签订后，清政府以刘坤一、张之洞和盛宣怀等人推动东南互保有功而给予晋升加赏。清政府中的顽固派和地方势力中的洋务派殊途同归，都在政治上、外交上向英国等帝国主义列强屈服了。

东南互保约款签订后，虽然刘坤一、张之洞等地方督抚和外国势力都积极贯彻执行，但这个约款并没有得到清政府和外国政府的认可，因而不具有法律效力。这时，英国政府在批准东南互保约款问题上再次玩弄狡诈的外交手腕。1900年7月4日，英国外交大臣索尔兹伯里向中国驻英公使罗丰禄声明，英国虽然对东南督抚维护洋人权益的各种措施予以肯定，并乐于执行那些对英国有利的条款，但英国政府决不能把这个约款作为一个有约束力的条约来对待，因为它包含有限制英国不能放弃的特权的内容。其实，英国认为长江流域是它独享的势力范围，决不能允许其他国家插手其中。而正式签订约款将使英国和其他列强处于同等地位，导致其他列强染指长江流域的巨大利益。英国政府估计，东南互保的局面已经形成，就是不签订正式的约款，也一定会收到保护商教的实效，所以不必以签约来束缚自己。由于英国反对签订约款，德、法、美、日等国政府也均拒绝在东南互保约款上签字，于是约款终究没有得到正式的外交认可。

英国一方面利用东南互保的既成事实，维护其在长江流域的利益，另一方面又积极策划使用武力占领这一地区。英国认为，义和团运动的爆发造成了北方的混乱局面，清政府的有效统治实际业已崩溃，而美、德、日、俄等国尚无暇或无力过问英国的行动，这就为英国有效地占领长江流域提供了机会。

1900 年 7 月以后，英国不断从印度派军队到中国，香港和上海吴淞口外的英国舰艇也日益增多。8 月间，英国以保护租界为名，调遣英印兵 2000 人到上海，此时英国军舰已集中二三十艘之多，多次开进长江游弋，并炮制了许多危言耸听的谣言，为入侵长江流域制造口实。与此同时，英国还通过康有为指挥"自立会"，拥护张之洞割据长江上游，通过何启指挥"兴中会"，拥护李鸿章在两广组织独立政权。一切迹象表明，1900 年 7 ~ 8 月间，英国试图占领长江流域并分裂中国。

但是，英国的阴谋终究无法得逞。一方面，声势浩大的义和团运动给英国政府以深刻的教训，使他们认识到中华民族是不可征服的，妄图以一小撮雇佣军来占领和瓜分中国，完全是痴心妄想。另一方面，英国和南非布尔人的战争处于胶着状态，英国无法大规模派遣军队到中国，而英国的主要殖民地和资本输出在非洲和拉丁美洲，必须首先保护其重要利益所在。最关键的是，英国独占长江流域的企图遭到德、法、美、俄、日等国的强烈反对，各国声称他们在长江流域享有和英国一样的权利，要求在长江上自由行动。其中德国的反应最为强烈。当时德国的经济实力已超过英国，居欧洲第一，德国在长江流域的权益仅次于英国。8月间，德国向英国发动了强大的外交攻势，要求英国明确保证长江流域的开放政策。当英军开入上海时，德国联合法国也派遣德法军队开往上海，力图表明上海和长江流域是列强的共同利益。这样，英国只得作出让步。但是，英国通过策动东南互保活动，终究保存和扩大了它在长江流域政治和经济上的优势地位。

五 辛亥革命时期的中英关系

英国在辛亥革命中全力维护在华利益

　　1911 年，中国爆发了资产阶级性质的辛亥革命。10 月 10 日武昌起义之后，革命浪潮席卷全国，湖北、湖南、陕西、江西、山西、云南、贵州、江苏、浙江、广西、安徽、福建、山东、四川等省纷纷响应，宣布独立，建立共和政体，与腐朽没落的清政府彻底决裂。清政权已呈瓦解之势，再也无法维持其封建统治。武昌起义宣告了中国封建社会的垮台，预示着中国社会发展将进入一个新的历史时期，将在内政和外交方面出现新的转变。

　　中国的辛亥革命震动了西方列强，面对革命浪潮的兴起和清王朝统治秩序的崩溃，列强首先考虑的是采取相应措施，力图维护自身的在华利益不致受到侵害。特别是英国对辛亥革命尤为关切，因为英国在华的政治、经济利益远远超过其他列强，所以也就更为关注这场中国革命的发展方向和最终结果。

在贸易方面，截至 1913 年，英国仍占中国对外贸易的 50% 左右，居西方列强首位。在通商口岸之间的贸易英国也占有相当的比重。据中国海关统计，1911 年英国在华对外贸易和口岸之间的贸易总值为 803269154 海关两，远远超出日、德、俄、法、美 5 国的总和，稳稳地居于首位。

在中国的外洋和内河航运方面，英国到 1913 年仍占据 41%，即控制了中国 2/5 以上的航运，同样居第一位。

英国还是当时中国最大的债权国。清政府在 1913 年尚欠外债总额为 5.25 亿美元，其中欠英国 2.07 亿美元，占总债务额的 40%。

英国的在华投资也是西方列强中最多的，到 1914 年英国在华投资超过 4 亿美元，加上对清政府的巨额借款，总数达 6.07 亿美元，占当时列强对华投资（16 亿美元）的 37.9%。

由此可以看出，正因为英国在华拥有巨大的政治经济利益，因此，当辛亥革命的发展结局尚未明了之时，英国采取了相对较为谨慎的外交政策。武昌起义之后，英国驻汉口代表总领事葛福向英国驻华公使朱尔典请示对革命党的态度时，朱尔典指示他尽量不与革命党发生任何关系。英国为了维护在华利益，采取了一系列防卫措施。

朱尔典为确保汉口租界安全，建议英国驻华海军立即前往汉口租界防卫，并要求清军在攻打汉口时，不得危及租界安全。10 月 31 日，朱尔典又向英国外交大臣葛雷建议英军防守京津铁路，此议得到了英国政府的同意。朱尔典在与日、美、法、德、俄等国公使磋商后，决定分段派军队驻防京津铁路。为了保护英国在上海的利益，英国曾与美、日、德、法等国协商派军队防守上海，企图使上海中立化，但未能得逞。此后，英国训令上海总领事设法保证公共租界的完整和安全，以及严密控制偿付外债的关税资金。英国声称，如果发现任何危及租界行政的举动，将派军队占领上海。英国为了继续控制由英资兴建的沪宁铁路，1911 年 11 月 3 日上海革命军起义后，英国总领事下令组织英国志愿军占领上海火车站，并企图使沪宁铁路中立化，后因铁路沿线地区均先后被革命党人光复，英国才不得不于 11 月 15 日取消了中立计划。

英国在采取了一系列政治军事措施以保护其在华利益之后，在外交上又采取了狡猾的所谓"中立政策"。英国驻上海总领事在武装占领上海火车站时，分别向革命党和清政府双方表明立场，即英国不介入这场革命，不偏袒任何一方。英国之所以采取观望态度，就是试图在这场革命前景明确之后，再与控制局势的一方进行交涉。

⚶ 英国扶持袁世凯夺取革命成果

辛亥革命爆发后，英国表面上持中立态度，实际上却在背后积极施行干涉政策。其主要目的是在清王朝无法挽救的情况下，在中国建立一种能够继续维持其庞大的在华侵略利益的适当政体，特别是选择一个符合他们要求、唯命是从的代理人来统治中国。

英国首先预想的是在中国建立一种君主立宪制的政体。1911 年 11 月 14 日，袁世凯被清政府启用，担任内阁总理大臣，担当起镇压辛亥革命的任务。对此，英国驻华公使朱尔典对前去拜会的袁世凯之子袁克定表示："外国人的一般看法是，解决此问题的最佳办法便是保留清廷作为象征性的王室而行宪政改革。依我看，共和形态的政府是危险的试验，而且不适应中国的情形。"12 月 1 日，英国外交大臣葛雷在给朱尔典的指示中明确地说："驻华外交界一致的意见均认为在清廷享有名义上的主权下建立君主立宪政府，是最佳的解决方案；共和政体不适用于中国，且可能导致中国的崩裂。"

由此可以看出，英国等西方列强对革命党人和共和制持反对态度，并企图通过控制腐朽无能的清政府达到继续维护其在华利益的目的。因此，辛亥革命爆发后，英国政府对革命派的政策横加干涉和阻挠，拒不承认革命军和南京国民政府；拒绝了孙中山向汇丰银行借款 100 万英镑的请求；拒绝了孙中山代表中国革命党与英国建立密切政治关系的请求。总之，英国对革命派的基本态度是采取不承认和不打交道的立场。

而另一方面，英国政府却给予袁世凯以大力支持。1911 年 11 月 15 日，英国外交大臣葛雷致电驻华公使朱尔典：英国政府对袁世凯友好敬重，希望中国有一个强有力的政府，可以公正地处理对外关系，维持内部秩序，以及革命后英国在华贸易的有利环境。英国政府将给袁世凯以一切外交援助，英、美、德、法银团也将给以财政援助。英国的这一态度，使袁世凯有了"依靠"，对袁世凯的政权也产生了很大影响。

　　在得到英国等列强的支持后，袁世凯大耍两面派手段。一方面调遣重兵进攻革命党，先后攻占了汉口和汉阳；另一方面，又暂停攻击武昌，与革命党开始谈判，讨价还价，谋取更大的政治利益。英国对此予以积极的配合。11月底，朱尔典指示葛福向黎元洪转达了袁世凯停战息兵的愿望。在葛福的沟通下，交战双方议定了临时停火，之后又转向停战。12月9日，经和谈，由清军和革命军盖印、葛福签字的停战协议订立。英国参与议和之后，进一步加紧了与袁世凯的勾结。12月18日，南北议和谈判又在上海公共租界开始，革命党人代表伍廷芳、袁世凯的代表唐绍仪共同商议解决中国问题的途径。此前，革命党人已初步议定，如果袁世凯同意反清，建立共和制，就推举他为"临时大总统"。此议不仅符合袁世凯借革命党人之手谋夺最高统治权，继而抛弃共和政体，自立为王的企图，也符合英国等列强扶持利用袁世凯维护其侵略利益的目的。这样，英国操纵下的南北谈判似乎有了一致的"共识"，也充分体现了辛亥革命这场资产阶级反封建斗争的妥协性和不彻底性。

　　1912年1月1日，袁世凯开始集中力量迫使清王室退位，以便自己掌握全国统治大权。对此举动，英国明里暗里大力支持。1911年11月22日，朱尔典对奕劻说，革命之所以发生，主要是政治不当，而摄政王载沣应负其责。1912年1月6日，载沣被迫引退，从而扫除了袁世凯的反对者，大权尽落袁世凯手中。此后，袁世凯又大耍阴谋，一面游说清廷王公重臣，一面谎称准备辞职。这样，朱尔典很快会同法、俄、日等国公使发表声明，赞成清帝退位，建立共和政府。面对内外压力，清帝被迫同意让位。1912年2月10日，临时参议院通过了优待清王室的条款。主要有：清帝退位，尊号保留，中华民国以外国君主之礼仪对待清王室，每年支付400万元用度，暂居皇宫等。2月12日，隆裕太后颁布宣统皇帝退位懿旨，命袁世凯以全权组织临时共和政府。这样，统治中国260多年的清王朝被革命浪潮彻底推翻，中国封建社会也从此宣告结束。2月13日，孙中山辞去了南京革命政府临时大总统之职，15日，临时参议院选举袁世凯担任临时大总统。这样，袁世凯在英国等帝国主义列强的支持下篡夺了辛亥革命的成果。袁世凯对此十分感激，他特别强调英国的支持和帮助对他夺取政权所产生的作用，并特地聘请了英国《泰晤士报》记者莫理逊充当他的政治顾问。

袁世凯上台后，为了巩固其统治地位，英国等列强给予了巨大的财政支援。1912年2月28日，英国汇丰银行向袁世凯提供了200万两的垫款，"以供善后之用"。3月9日，英、美、德、法四国银行团又提供110万两的垫款。1913年4月23日，袁世凯在与英、法、德、俄、日五国银行团谈判后，终于签订了善后借款合同，议定借款2500万英镑，八四折扣，年息5

厘，47 年（1914～1960）还清，该借款以全部盐税、海关税，以及直隶、山东、河南、江苏 4 省的税收作抵押，还规定聘请洋人掌握盐税征收事务。从此，中国的盐政与海关一样，被英国等列强所控制。

3　英国阴谋策划"西藏独立"

辛亥革命期间，英国乘中国政局动荡不安之机，加紧对西藏地区的侵略。从 1911 年 12 月至 1912 年 4 月间，英国勾结达赖十三世多次进行武装暴动，进攻中央政府驻藏军队，达赖集团分裂祖国的活动在得到英国的支持后愈演愈烈，西藏局势十分紧张。

在此期间，民国政府一再申明西藏主权不可侵犯，1912 年 4 月 22 日，民国政府发布大总统令，强调"现在五族共和，凡蒙藏回疆各地方，同为中华民国领土，则蒙藏回疆各民族，即同为我中华民国之民"。5 月，民国政府任命钟颖为西藏办事长官，率军驻守拉萨，并准备增派军队入藏平叛。接着，民国政府恢复了达赖喇嘛封号，加封了班禅额尔德尼，以图稳定西藏。但是，英国并未因此罢手，而是变本加厉地加紧侵略西藏活动。1912 年 5 月，英国派遣军队数千人进驻江孜和拉萨，以保护英国侨民为由，直接进行武装干涉。西藏叛军乘机大举进攻拉萨驻军。6 月 24 日，英国又派兵护送达赖由印度返回西藏指挥叛军。英国人对达赖表示，希望"看到西藏实行内部自治"，实际上，就是想使西藏从中国分裂出去，置于英国的控制之下。

在英国的支持下，西藏叛军大举进犯，到6月中旬，先后攻陷了乍丫、江卡、盐井、稻城和理塘等地，包围了察木多和康定等地，威胁川边。为了确保四川和云南的安全，民国政府于6月14日命令四川都督尹昌衡率军西征，平定西藏叛乱。西征军分两路进兵，北路击溃叛军，为察木多、巴塘解围，南路收复河口、理塘，稳定了川边局势。西征军的胜利大大震动了英国当局。7月30日，英国指使尼泊尔官员出面"调停"，强迫钟颖与西藏叛军谈判。朱尔典又在北京大施威迫利诱手段，促使袁世凯同意撤出西藏驻军，并由英国协助"遣送"。最终，钟颖的军队被迫解散。接着，英国又公开干涉西征军入藏，9月7日，朱尔典奉英国政府训令，向中国外交部提出警告，声称如果民国政府一定要征服，继续派遣西征军前进，英国政府则不但不承认中华民国，而且将以坚强实力协助西藏独立。至此，英国策划的"西藏独立"阴谋昭然若揭。

当时，袁世凯统治主要依靠英国等列强的支持，因此不得不屈从于英国的压力。8月31日，袁世凯下令西征军停止前进。此时，达赖喇嘛也在西藏爱国人士的推动下，放弃了同中国政府决裂的政策。10月中旬，达赖通过钟颖向北京政府提出了和平解决西藏问题的条件。10月28日，北京政府宣布恢复达赖名号，并派员专程赴藏劝慰。同时，北京政府又于12月13日照会英国政府，指出：西藏是中国领土，中国政府有权派兵入藏，有权改西藏为行省，英国对此无权干涉。照会拒绝了同英国谈判重订关于西藏的条约，认为中英之间早已有 1906 年和 1908 年关于西藏的条约，无须另订新约。

英国政府接到照会后，仍然野心不死，继续大搞"西藏独立"的阴谋活动。1913 年初，英国企图强迫西藏地方当局与之订立非法的秘密条约。该条约的内容有：①西藏宣布独立后，一切军械由英国供给；②西藏同意英国派员入藏，监督财政和军事，作为英国扶助西藏独立的报酬；③英国向西藏贷款 300 万英镑，其抵押品任由英国指定；④中国军队开进西藏时，英国军队负责抵抗；⑤西藏宣布独立后，英国首先承认，并介绍其他国家承认；⑥西藏实行门户开放，英国人可以在西藏境内自由行动。显然，英国妄图以此把西藏从中国分裂出去，完全变成它的殖民地，这个阴谋虽然没有得逞，但其野心暴露无遗。

从 1913 年 1 月起，朱尔典就不断向北京政府施加压力，要求召开会议，重订西藏条约。3 月 27 日，袁世凯政府被迫同意举行中英谈判，提出会议在伦敦举行，但英国坚持召开三方会议，即必须有西藏代表参加。随后，在中国代表人选、会议地点、西藏代表能否与中国代表地位平等等问题上，双方反复争议，袁世凯在英国压力下一让再让，最后双方决定在印度举行三边会议，解决有关西藏问题。

4　西姆拉会议和非法的麦克马洪线

1913 年 10 月 13 日，中英藏就解决西藏问题的三方会议在印度西姆拉召开。中国政府代表是陈贻范，英印政府为麦克马洪，西藏达赖集团代表为伦青夏札。会议开始后，三方代表先后提出了条约草案。其中，西藏代表提出的草案主旨就是"西藏独立"，"使西藏处于绝对依赖印度政府的地位"。这一阴谋是英国人和西藏夏札事先串通密谋好的，它不仅妄图割断中国政府与西藏的一切联系，而且还要霸占青海和四川西部的大片领土。对此，中国代表予以驳斥，坚决反对"西藏独立"，对西藏邻近各省的划界问题，仍坚持原界。

西姆拉会议开始时，英国政府挑动西藏当局向中央政府大闹独立，使它能从中坐收渔翁之利。1914年3月11日，英国代表抛出了策划已久的折中方案，即所谓的"调停约稿"11条。约稿除了重弹中国对西藏只拥有宗主权的滥调外，还提出划分内藏、外藏的问题。它把西藏、青海、西康、甘肃、四川、云南等地的藏区，统称为西藏。金沙江以东地区统称内藏，金沙江以西地区统称为外藏。外藏包括西藏地区及川边、青海的大部分。约稿规定，外藏享有自治权，所有外藏的内政，包括达赖转世在内，应由拉萨政府掌理，中国和英国均不加以干涉；中国驻藏代表及卫队百人，可以驻扎在西藏，但不得派驻军队和文武官员；废除1893、1908年印藏贸易有关章程，允许英藏直接改订商约；英国商务委员在必要时，可带队至拉萨，等等。英国提出的所谓"外藏自治"，实际上就是西藏独立，使中国完全丧失对西藏的主权，逐渐把西藏变成它独占的殖民地。

对于英国提出的种种无理要求，中国政府迫于压力作了很多让步，但是在涉及将大片领土改划建制给西藏以致"独立"的问题上，中国代表坚决反对。陈贻范于1914年3月7日向西藏代表夏札声明：共和国无权改变它从清朝继承过来的领土的任何部分，所以必须保持以往一样大的版图。4月15日，他又前往印度外交部，坚决反对给西藏与中国和英国平等的地位，强调"要承认西藏和中国平等是不可能的"。当时中国政府的想法，就是尽最大努力保持领土的完整。1914年4月20日，中国外交部致电陈贻范说："虽然英国代表声称，他们的提议是所能做出的最大让步，但讨论中的问题和我国领土主权休戚相关，所以我们不能作出更多的妥协和让步。"

面对中国政府的态度，4月27日，英国代表又提出了调停约稿的第二次修正案，同意把原属青海的部分仍归青海管理。英国随即宣布，条约讨论到此为止，并首先由英国和西藏代表草签之后，向中国代表施加压力。英方声称，如果中国代表拒绝草签，以后英国和西藏双方都不再与中国代表商议西藏事务，陈贻范屈服于英国的压力，为了使谈判"免致决裂"，被迫草签了条约。

西姆拉会议草约的内容和中国代表签字的消息在国内报刊披露后，引起全国舆论的强烈反对，中国政府也立即宣布西姆拉会议草约无效。5月1日，中国政府明确照会英国驻华公使，表示不能接受西藏边界条款。英国政府不甘心阴谋失败，继续威迫中国政府在条约上签字。6月6日，朱尔典向中国递交强硬照会，声称，本年4月27日由中、英、藏代表在西姆拉草签的约稿，是西藏问题的唯一解决办法，如果中国政府坚决反对，不愿签署，则中国将不能享受三方条约所确定的利益。但是，中国政府未肯再作让步，陈贻范也谨守中国政府训示，拒绝在正式条约上签字。

1914年7月3日，英国和西藏代表私下签订了《西姆拉条约》。中国政府于当天就发表正式声明，不承认英国和西藏代表现在和今后所签订的任何条约。接着，中国政府又于7月6日指示中国驻英大使照会英国政府，再次作出同样声明。此后，历届中国政府都坚持这个立场，《西姆拉条约》阴谋终究没有得逞。

在西姆拉会议期间，英国代表麦克马洪大搞阴谋诡计，背着中国代表，与西藏代表夏札举行私下会谈，商定了一个《英藏通商章程》，以代替1893年的《中英会议藏印续约》和1908年的《中英修订藏印通商章程》。这个"新章程"规定：英国有权在西藏租赁土地，修建房屋；英国人在西藏犯罪不受惩罚，相反西藏人对英国人犯罪，则将受到规定中的各种严刑处罚；英商可以不受限制地在西藏各地贸易，可以雇用任何运输工具，输入军火、武装等。这个章程根本未经三方商议，是非法的和无效的，英国政府也未敢将它公之于世，但是却以此为依据，扩大了对西藏的政治控制和经济掠夺。

在《西姆拉条约》草签之前一个月，麦克马洪又同夏札以交换信件的方式，私自划定东段的印藏边界线。这条边界线起自不丹东北，东至中国西藏、云南和缅甸接壤处。麦克马洪妄图据此霸占中国西藏境内东南部的门隅、洛隅、察隅地区约 9 万平方公里的领土。但是，麦克马洪自知理亏心虚，不敢在西姆拉会议上公开提出割占这一大片土地的要求，只得在会外背着中国代表，偷偷摸摸地在德里以赠送 5000 支枪、50 万发子弹作诱饵，买通夏札，同意以秘密换文的方式，划出一条印藏边界线。1914 年 3 月 24 日，麦克马洪在德里交给夏札一个公函，附上标明印藏东段界线符号的地图两份，指出："此项印藏边界最后商定，将有助于防止此后发生争端，因此，对双方政府必有莫大的利益。" 3 月 25 日，夏札回复称：同意地图上用红笔勾画出的边界线。"麦克马洪线"使印度边界向北推进了大约 60 英里，把边界线从山麓提升到阿萨姆邦的喜马拉雅山的山顶上。

由于中国政府对《西姆拉条约》的抵制，麦克马洪的阴谋终于落空了。

🌀 5 中国人民反对英帝国主义的斗争

在辛亥革命浪潮的推动下，特别是轰轰烈烈的五四爱国运动之后，全国反帝爱国斗争一浪高过一浪。1921 年 7 月 1 日中国共产党成立以后，积极领导全国人民开展反帝反封建的新民主主义革命，反帝爱国斗争在全国呈燎原之势。

1922 年，香港爆发了中国海员大罢工。当时，英国殖民统治下的香港海员受到英国资本家残酷剥削，生活十分困苦，工资待遇很低。1921 年 5 月，香港海员成立海员工会，决心起来抗争，要求增加工资，改善工作待遇。从 1921 年 9 月至 1922 年 1 月，海员工会曾先后 3 次向香港轮船公司提出增加工资要求，均遭拒绝。1 月 13 日，香港 90 多艘轮船 1500 多名海员首先罢工，这场斗争很快得到积极响应，罢工队伍不断扩大，到 1 月底，码头运输工人也加入罢工队伍，罢工人数达 3 万人。港英当局面对人民斗争惊恐万状，赶紧进行镇压，出动了大批军警，调动太平洋舰队 16 艘军舰和海军陆战队到港，并强行解散工会，逮捕了海员工会会长陈炳生等人。但是香港海员并不屈服，他们推选苏兆征为工会代理会长，领导罢工斗争。3 月 1 日，全香港 10 多万工人举行总罢工，广州人民采取封锁香港的策略，使香港得不到粮食和其他食品供应，10 万工人返回内地，香港顿时变成了死港。3 月 4 日，英国军警公然在新界沙田村向离港返穗的工人开枪扫射，当场打死 6 人，伤数百人，制造了"沙田惨案"。英国暴行激起工人们的更大愤怒，全香港、广东和全国工人团结起来进行斗争。英国的种种威胁镇压手段均告失败，最后被迫与海员工会进行谈判，答应增加海员工资 15% ~30%，恢复海员工会，释放被捕工人，沙田惨案死难者每人抚恤 1000 港元。3 月 8 日，双方正式签字，持续 56 天的香港海员罢工终于取得了胜利。

1924 年初，国共两党开始合作，广东成为革命运动的策源地，革命政府提出"打倒列强，铲除军阀"的口号，颁布反对帝国主义的 7 条政策，强烈要求废除不平等条款和清理外债。英国对此又惊又恨，千方百计地加以阻挠和破坏。他们企图利用买办商人陈廉伯为首的商团军，策动叛乱，颠覆革命政府。1924 年初，英美秘密商定，由英国在中国南方支持商团军驱逐孙中山出广东，美国在北方支持直系军阀发动新的直奉战争，以建立一个亲英美的直系军阀主持的政府。在英国唆使下，陈廉伯野心勃勃，大肆扩充商团军武装。5 月 27 日，他筹建所谓"广东省商团军联防总部"，自任"总长"，准备与革命政府对峙。1924 年 8月，商团军公然通电广东各县驱逐革命政府县长，宣布独立。广东全省局势陷于混乱。英国见时机成熟，开始公开支持商团军叛乱。8 月 28 日，英国调集 9 艘军舰驶往广州白鹅潭水面，炮口瞄准中国军舰和大元帅府。当晚，英国等驻广州领事团向省长廖仲恺发出警告；次日，英国驻广州总领事再次向大元帅府发出最后通牒，公然对广州政府进行恫吓。但是孙中山并没有吓倒，9 月 1 日他发表《为商团事件对外宣言》和《致英国首相麦克唐纳抗议电》，严厉谴责英国政府干涉中国内政，并揭露中国内部反革命集团"屡得英国历来政府之外交及经济的援助"。面对孙中山为代表的革命政府的抗议，以及广东人民的强大力量，英国政府不得不有所收敛。10 月 10 日，商团军趁革命政府北伐之机，再次在广州发动暴乱，孙中山果断下令剿灭叛军，陈廉伯商团军被一举歼灭，英国妄图颠覆革命政府的阴谋亦告破产。

1925 年，英国人又在上海制造了震惊中外的五卅惨案，导致了全国范围的反帝斗争的浪潮。1925 年 5 月 16 日，上海日本纱厂厂主在劳资纠纷中开枪打死中国工人顾正红，打伤工人 10 余名。这一暴行激起了上海工人和社会各界的极大愤怒。5 月 30 日，上海学生联合会发动各校学生举行反帝大示威，抗议列强的暴行。上午，上海各校学生 2000 多人在公共租界示威游行，各巡捕房开始抓人镇压，英国巡捕最为凶狠，共关押 100 多名学生。当学生涌向英国巡捕房要求放人时，英国捕头爱伏生竟下令开枪扫射，当场打死中国学生 10 余人，伤数十人，其后又拘捕了几十人。英国巡捕制造了五卅惨案后，上海人民群情激愤。6 月 1 日，上海 20 余万工人、5 万多学生和全市绝大多数商人举行罢工、罢课和罢市的斗争，抗议英国的暴行。而英国等列强勾结起来，派遣 26 艘军舰闯入黄浦江，海军陆战队全部登陆，实行所谓"非常戒严"。但是，英国等列强的军事恐怖没有吓倒上海人民，全国各界也给予了积极声援。北京政府于 6 月先后 3 次向外国使团提出抗议照会，并要求保留索赔的权利。面对全国人民的反帝情绪，英国等列强为了保持在华通商口岸的利益，被迫同中国政府进行谈判。6 月 16 日，中国代表与英、日、法、意、美、比 6 国代表在上海谈判。中国代表提出了 13 条要求：释放被捕华人；交还查封占领的学校；惩办凶手；赔偿损失；公开道歉；

收回上海会审公堂；准许罢工工人复职，并不扣发工资；优待工人；规定租界工部局的投票权；制止越出租界之外筑路；撤销不合理的制度；租界华人有言论、集会、出版的自由；撤换工部局总书记鲁和。但是，6国代表只同意就前5条进行谈判，并一再要进行所谓的"调查"。11月21日，上海公共租界工部局董事会作出决定，仅将工部局总巡捕麦克扬和捕头爱伏生两人撤职，向惨案死伤家属赔偿7.5万元，这与中国人民和北京政府提出的条件相差甚远。在上海人民的强烈反对下，北京政府拒收赔偿费。1926年1月以后，五卅惨案的交涉被搁置起来，英国殖民主义者在中国犯下这一桩严重罪行，又欠下了中国人民一笔血债。

五卅惨案发生后，全国人民积极支持和声援上海人民的反帝斗争，广州沙面租界工人也于6月21日举行罢工，并募捐援助罢工工人。英、日、美等国领事大为恐慌，在沙面附近布置了大批军警。6月23日，省港罢工工人、广州市郊农民、学生和黄埔军校学生约10万人举行声势浩大的反帝示威游行。当游行队伍行至沙面对岸的沙基时，英、法、葡等国军舰同时开枪开炮轰击人群，当场死亡25人，重伤170多人，轻伤无数，制造了又一起血案——"沙基惨案"。惨案发生后，愤怒的广州人民举行各界代表会议，通电全国和世界各国，揭露英国等列强的暴行，要求政府收回沙面租界，与英国断交，同时全面封锁香港，抵制英货、英船。到7月初，省港罢工人数已达21万，斗争声势浩大。在沙基惨案和省港罢工期间，孙中山领导的国民政府即向英国领事提出严正抗议，孙中山主张利用这次事件，争取取消不平等条约。从 7 月 15 日至 25 日，国民政府与英国在广州举行了 5 次谈判，但港英当局设置种种障碍，致使谈判未能达成协议。英国政府在省港工人罢工期间，曾经企图使用武力侵略中国，但当时英国在第一次世界大战后已有所削弱，而中国革命风起云涌，势不可挡，所以英国也不敢贸然发动战争。而中国国民政府正全力进行北伐，决定暂不扩大与英国冲突，因此决定结束罢工和对香港的封锁，但以增加 25% 的关税为条件，这样双方达成一致。1926 年 10 月 11 日，国民政府与罢工委员会共组征税机关，征收 25% 附加税，分批发给罢工工人，历时 16 个月的省港罢工宣告结束。

1926 年底，广东革命政府的北伐大军势如破竹，席卷福建、浙江、江西、湖南、湖北各省。英国政府看到直系军阀溃不成军，为了确保其在长江流域的特殊权益，于 12 月 18 日发表了《对华新提案》，宣布奉行不干涉中国内政的所谓"新政策"，但实际上英国军队不断伺机寻衅，制造事端。1927 年 1 月 3 日，武汉人民举行国民政府迁都武汉和北伐胜利的庆祝大会，英国租界调动大批海军士兵冲进会场，挥舞刺刀乱戳乱砍，造成 30 余人伤亡。愤怒的武汉市民当晚举行示威游行，抗议英国的暴行，武汉国民政府外交部也向英国领事提出抗议。武汉各界群众强烈要求英国赔偿损失，惩办凶手，撤退军舰，解除租界武装，向中国政府道歉。武汉国民政府完全支持人民的各项要求。

1927年1月5日，武汉400多个团体组织30万人反英大示威，游行队伍进入了租界，并且组成"汉口英租界临时管理委员会"，接手管理租界事宜。

1927年1月6日，武汉下游的九江又发生英国军舰炮击中国工人，造成多名工人伤亡的血案。九江各界群众数万人聚集起来，冲入英租界，英国领事仓皇逃到军舰上，武汉国民政府宣布接管九江英租界，成立"九江英租界临时管理委员会"，管理租界内一切事务。从1月12日起，武汉国民政府外交部长陈友仁与英国驻华公使代表欧玛利就汉口和九江血案以及租界问题进行谈判，经过一个多月交涉，于2月19日和20日，双方签署了中国收回汉口和九江英租界的两个协定，这是中国人民反对英国侵华政策的一次重大胜利。

中国人民收回汉口和九江租界，使英国感到震惊和惶恐，英国急忙从国内和印度调集2万军队开往中国，企图武力干涉中国革命。1927年3月22日，北伐军进攻南京，直系军队溃败时在南京大肆抢掠，造成外国人伤亡事件。英国、美国等以此为借口，于3月24日下午炮击南京市居民区一个多小时，发射炮弹100多发，造成城中军民死伤2000多人。北伐军奋起抵抗，形势十分混乱。3月25日，蒋介石到达南京，立即向列强"道歉"，声称这一事件是"军队内部不良分子和南京共产党支部成员共同策划蓄意制造的"，以此换取英美等国对蒋介石的支持。

1927年4月12日，蒋介石公开叛变革命，在上海发动"清党"，大肆屠杀共产党人。4月18日，蒋介石在南京成立国民政府。7 月 15 日，汪精卫在武汉发动反革命政变。9 月，宁汉合流，建立统一的国民政府。1929 年 3 月 ～ 8 月，国民党政府与英、美、法、意、日等国互换照会，解决南京惨案问题，其基本精神是屈服于列强压力，不仅不追究英美残杀中国人民的暴行，反而向列强"道歉"、"赔偿"和"惩凶"。这表明，国民党政府从一开始就倒向帝国主义一边，站在反共反人民的立场上，不惜牺牲中国主权，镇压人民的反帝斗争。

六 国民政府初期英国对华政策的新调整

1 英国与蒋介石政权的勾结

1927年"四一二"反革命政变后，蒋介石集团篡夺了国民革命大权，在南京另立国民政府，以对抗武汉国民政府。英国政府认为蒋介石是亲西方的中国当权者，有利于维护其在华的侵略利益，因此积极对蒋介石予以各种支持。5月9日，英国外交大臣张伯伦在下院发表声明："不到两个月前，南方党和国民革命军看起来好像要从南到北席卷中国，而南京则阻止了它的胜利发展。""它把共产党一派从国民党中清除了出来，而最重要的是，它在全中国人的眼里，深深地损坏了共产党及其外国顾问的名誉。"张伯伦认为，南京蒋介石集团的反共作用"是任何外国都力所不能及的"。显然，帝国主义列强和蒋介石集团在反共反人民的问题上很快取得了一致。张伯伦竭力主张英国政府在对华政策方面要帮助南京国民政府完成"建立秩序的任务"。不久，英国政府就训令驻汉口英国公使代表牛顿撤离，牛顿临走时恶毒攻击武汉国民政府是"一个完全不能履行文明政府的责任的政权"，并攻击武汉国民政府收回汉口、九江英租界是"反英宣传和迫害活动"。显然，牛顿的言论表明英国政府正在联合南京国民政府向武汉国民政府施加压力，以迫使其放弃反帝联共的立场。

与此同时，蒋介石集团控制下的南京国民政府也屡屡向帝国主义列强献媚，以换取他们的支持。1927年5月10日，外交部长伍朝枢宣布，对列强"不采取暴动手段"，把废止不平等条约推至"相当时期"。1928年6月15日，南京政府又发表对外宣言，赤裸裸地表明其反共政策："其根本破坏现时社会之组织，若共产党等，亦必不容其存在。"蒋介石之流抛弃了孙中山废除不平等条约的革命主张，声称要"遵正当之手续，实行重订新约"。帝国主义列强和蒋介石政权相互利用、相互勾结，坚持反共反人民的立场，导致了国共合作的第一次国内革命战争的失败。

② 中英关于南京惨案的交涉

南京国民政府成立之后与英国首先进行的外交交涉就是关于南京惨案的处理。1928年3月17日，中英双方在上海谈判。经过几次交涉，双方初步达成如下意见：中国方面"惩办凶手，赔偿损失"，英国方面也为炮击南京道歉赔偿，修改现行的中英条约。3月25日，英国政府忽然训令英方代表蓝普森拒绝这个意见，致使谈判中断。之后谈判一直拖延到 8 月 9 日才告结束。

南京政府外交部长王正廷在给蓝普森的照会中，居然说南京惨案"完全为共产党于国民政府未建都南京前所煽动而发生"，竟把这一事件的责任强加给共产党，而为英、美等开脱罪责。王正廷在照会中还一再讨好英国，说什么"现在共产党及其足以破坏中英人民友谊之恶势力，业已消灭。国民政府深信，此后保护外人，自必较易为力。故特担保对于英侨生命及其正当事业，决不致再有同样之暴行及鼓动"，"国民政府依照国际公法通行原则，对于英国在宁领馆馆员及英侨所受身体上之伤害与财产之损失，担任充分赔偿"。而对于英美军舰炮击南京，造成死 51 人，伤 36 人，毁坏民房 15 处的重大损失，王正廷不敢提出丝毫赔偿要求，更不用说追究责任，他只有希望"贵国政府对于此举，表示歉意"。但是，英国方面毫无"致歉"之意，甚至蛮横无理地声称炮击南京是"借以保护南京英侨生命财产之必要"。就这样，南京政府和英国进行了外交换文，这标志着英国正式承认了南京国民政府，也标志着南京国民政府卖国媚外、屈膝投降的外交政策与英国侵华政策的相互配合，两方在这个基础上开始了反共反人民的所谓"外交新纪元"。

3　中英修约谈判

孙中山先生在倡导国民革命之初，就明确提出废除帝国主义列强与清政府签订的一系列不平等条约。但是，南京国民政府成立后，加紧了与帝国主义列强的勾结，在"修约"问题上态度暧昧。1928年7月7日，南京国民政府发表关于重订条约的宣言，要求："①中华民国与各国间条约已届期满者，当然废除，另订新约；②其尚未满期者，国民政府应即以相当之手续解除而重订之；③其旧约业已期满，而新约尚未订定者，应由国民政府另订适当临时办法，处理一切。"但是，1929年3月，国民党第三次代表大会通过的"对外交报告之决议案"却提出："惟废除不平等条约，有先决之必要条件二端：其一，为全国之真实统一，外交、军事、财政，必须统一于国民政府之下。其二，全国之建设迅速进行，国民经济，日臻稳固，而后国力充实，外交上方有胜利可期。"孙中山把废除不平等条约，摆脱列强的奴役和控制作为国民革命的主要任务之一，是争取国家独立，维护国家主权的核心。而南京国民党中央却把能否实现国民党的一党专政作为废除不平等条约的先决条件，实际上，国民党就可以对一切反对其一党专政的党派和政治力量加上破坏废除不平等条约的罪名。当然，南京政府也的确在废除不平等条约方面有所"动作"。当时，中国连年军阀混战，南京国民政府要在混战中取得胜利就必须增加财政收入以资军用。因此，外交部长王正廷视关税为重要环节，主张"废除"不平等条约须从争取关税自主做起。1928年1月25日，南京国民政府财政部长宋子文与美国驻华公使马克谟签订了《整理中美两国关税关系之条约》。8月17日，《中德关税条约》签订。11月12日，《中挪关税条约》签订。但是，英国和日本反对同中国进行关税谈判。12月6日，国民政府公布了《中华民国海关进口税税则》，定于1929年2月起实行关税自主。这样，中英双方才开始谈判关税问题。12月10日，英国公使蓝普森在南京签订了《中英关税条约》，并向蒋介石递交了国书。条约载明取消中英旧约中关于关税的条款，"适用关税完全自主之原则"，中方给英国以最惠国待遇，取消中英旧约中限制中国自定船钞权的条款。此后，中国的关税税率有所提高。进口税率1928年为3.9％，1929年为8.5％，1930年为10.4％，1931年为14.1％，1936年增加至27％，南京政府收入大为增加，也为蒋介石在新军阀战争中获胜提供了财政支持。但是，国民政府的关税自主权是不彻底的。关税自主主要表现在两个方面，一是制定关税税率的自主权，二是海关行政权。前者已基本自主，但后者仍由外国人掌握。到1930年，海关职员中洋人995人，华员7677人；1937年各口岸税务司只有1/3是中国人担任；1945年海关高级职员中仍有1/4洋人，总税务司是英国人，主要海关负责人均由洋人充任。海关大权操纵在洋人手中，是不能完全实现关税自主的。因此，国民政府的关税自主是有限度的。

在修约过程中，国民政府也提出了废除领事裁判权的要求。1928年7月，国民政府规定"在华外人应受中国法律之支配，及中国法院之管辖"。1929年4月27日，外交部分别照会在中国享有领事裁判权的英、美等国,要求废除领事裁判权。英、法、美等国表示反对,理由是:中国司法制度未臻完善;通商口岸侨居制度的存在;必须履行法权调查会之建议;采取逐渐递减主义,等等。

7月5日,英国驻上海军队司令博来德宣布,判处无理打死上海市民张学亮的英军士兵泼赖斯监禁一年,押回英国陆军监狱服刑。这是一桩利用领事裁判权为罪犯开脱的事件,激起了上海人民的公愤,上海民众团体发布宣言,号召为废除领事裁判权而斗争。但是,英国当局一再拒绝中国政府和人民的要求,最后,南京国民政府对此也只好作罢。在此问题上,仅在上海公共租界取得了一个局部性的成功。1930年2月17日,签订了《关于上海公共租界内设立中国法院之协定》。它规定:从4月1日起,将公共租界的审判权移交给中国政府,中国政府将在上海公共租界内设立地方法院和高等法院分院各一所,领事馆官员会审或观审制度作废,中方由检察官负责案件的起诉,案件涉及外国人时,可由外国律师辩护。此协定仅仅废除了上海租界的部分治外法权,公共租界的治安权仍掌握在外国人手中。修约运动就这样不了了之。

4 中英达成收回租界协议

1927年2月,武汉国民政府与英国签订了《关于中国收回汉口英租界的协定及换文》和《关于中国收回九江英租界的协定》。这是中国人民以革命斗争收回英租界的重大胜利。英国在中国人民反帝斗争的高潮中被迫无条件放弃租界，这在中国近代史上是空前的。1929年和1930年，南京国民政府与英国经过多次交涉，在接受了英方提出的许多苛刻条件之后，先后收回了镇江和厦门英租界。但是，英国在原租界内仍保留了许多特权和利益。

南京国民政府在对待英国殖民主义政策的态度上，一味委曲退让，再三俯就英国当局，在中英关于收回威海卫租借地的问题上表现最为明显。关于威海卫的租借期，到1923年即期满。1922年英国政府曾声明准备放弃威海卫的租借权，但要求保留英国舰队对刘公岛的使用权。1929年6月21日，南京国民政府开始与英国驻华公使谈判威海卫租借地问题，在刘公岛是否继续租借的问题上双方相持不下，致使谈判中断。1930年2月13日，谈判恢复并签订了交收威海卫的草约。5月5日，《中英关于交收威海卫专约》、《关于刘公岛的协定及附件》同时在南京和伦敦公布。《关于交收威海卫专约》由正文20条及两个附件组成。英国在移交威海卫租借地时提出37种附加条件，南京政府均一一接受。这些条件是：

（1）中国政府收回威海卫后，当在可能范围内，维持现行规章，内包括地产房屋税则、卫生及建筑章程及警政等项；

（2）英国当局发给华人的地契、买卖典押字据、执照等继续有效；

（3）外国人所有的土地地契，中国政府应换发永租地契，中方如需收回时应作价付以补偿金；

（4）在交收之前英国法院判决的案件继续有效；

（5）威海卫应仍维持国际通商居住港口；

（6）中国地方官厅凡关于市政事件与居住威海卫外侨之幸福及利益有直接关系者，得征求外国侨民之意见；

（7）威海卫市内供英国领事馆及居留民公益之用的数处房地产业应无偿租给英国政府30年，期满仍得续租。

《关于刘公岛的协定》第一条规定："中华民国国民政府允将威海卫之刘公岛内房屋数所及便利数项，如附件所列举，借与英国政府，作为英国海军消夏、养病之用，以10年为期。期满后，经两国政府同意，得适用原条件或适用其他经两国政府同意议定之条件续借。"从这些条文中可以看到，国民政府虽然收回了威海卫租借地，但是又接受了英国许多强加的不平等和无理条件，南京国民政府在与英国的交涉中，并没有取得比清政府更为有利的结果。

由此可以看出，南京国民政府与英国的外交关系，是在牺牲中国主权和人民利益上的相互勾结和相互利用，是以牺牲中国革命为代价的。英国作出的一些有限的让步，其条件是南京国民政府坚持反共反人民的立场。南京国民政府在对英交涉中取得的一些所谓"外交实绩"，大多是英国已经许诺或附加了许多苛刻条件的局部问题。

七 抗战中的同盟国关系

1 国联调查和远东慕尼黑阴谋

1931 年 9 月 18 日，蓄谋侵略中国已久的日本帝国主义在中国东北悍然发动了九一八事变，开始了对中国进行全面侵略的前奏。当时，蒋介石国民党政府正忙于在苏区"围剿"中国共产党领导下的工农红军，对日本帝国主义的侵略奉行所谓的"攘外必先安内"的反共反人民政策，致使东北大片祖国河山落入敌手。蒋介石曾公开声称，以和平对野蛮，忍痛含愤，暂取逆来顺受，以等待国际公理的判断。蒋介石所寄希望的国际公理，就是所谓的"国联"的调停解决。

国联即国际联盟，它是帝国主义列强操纵的国际组织，成立于 1920 年 1 月，有 63 个成员国，当时的常任理事国有英、法、德、意、日 5 国，实际权力操纵在英法两国手中。

第一次世界大战以后，远东的国际形势发生了重大变化，英国虽然仍然是在中国政治经济方面居支配地位的西方强国，但其地位和作用已大大下降。日本乘英国等欧美列强忙于战争，无暇顾及中国之机，迅速扩展在华势力，获得了比英国更大的权益，英日矛盾渐趋尖锐，而英国在斗争中居于守势。面对日本独霸中国的气势，英国采取支持美国提出的"门户开放"、"利益均沾"的政策，联合美国对抗日本。同时，中英关系方面，英国已不能像对清政府和北洋军阀政府那样，任意支配国民党政府。当时国民党政府在经济上依靠美国，军事上依靠德国，而对英国关系则较为冷淡。由此，在九一八事变发生后，英国的反应是无力的，它既害怕日本势力在华继续扩张，又不愿同日本交恶，希望继续与日本保持友好关系，使英国在华的既得利益不受损害。

英国的态度主要通过它在国际联盟中的活动反映出来。九一八事变后，国民党政府向国际联盟提出"申诉"，把事件的解决寄托在国联主持"公理"和"调停"上。国联一开始采取消极观望态度，只是要求中日双方立即撤兵，避免事态扩大。1931 年 9 月 30 日，国联理事会作出决议，以日本侨民"生命财产之安全有确切之保证"为条件，希望日本于 10 月 14 日以前"将其军队从速撤退至铁路区域以内"，并对日本政府声明的所谓对中国"无领土野心"予以肯定。日本政府宣布接受国联理事会的决议，但又以"中国政府不能担保东北日侨生命财产之安全"为理由，拒绝撤兵。国联对此无能为力。10 月 24 日，国联理事会又通过决议，要求日本于 11 月 6 日以前撤军，但日本投了反对票并拒绝接受。11 月 21 日，国联大会通过了组织调查团的决议。1932 年 1 月，国联调查团正式成立。调查团由英、美、法、德、意 5 国代表组成，英国人李顿任团长。

国联调查团于 1932 年 3 月到达东北。事实上，日本帝国主义侵略中国，占领中国东北的事实非常清楚，根本无须调查。国联组织调查团的真正目的，一是怂恿日本进攻社会主义苏联，二是企图把中国东北由日本独占变为所谓的"国际共管"，这反映了英美帝国主义的利益。

国联调查团经过半年多的活动，先后会见了日本关东军司令本庄繁，伪满洲国傀儡皇帝溥仪，汉奸郑孝胥、张景惠等人，又去日本会见了日本天皇和日本政府首脑，到 10 月 2 日公布了《国联调查团报告书》。这个报告书虽然承认了若干基本事实，对日本帝国主义侵略中国东北的阴谋也作了一定的揭露，例如承认"东三省为中国之一部"，指出日本在九一八事件中的军事行动"不能认为合法之自卫手段"，指出伪满洲国是日本一手制造的傀儡政权。但报告书总的倾向和主要内容是荒谬的。它诋毁中国，为日本的侵略罪行辩护，公开表示同情日本在中国的特殊利益，特别是对于"满洲是日本的生命线"这一叫嚣表示"谅解"；它诬蔑中国共产党领导的革命运动，提议国际帝国主义合作支持国民党政权来消灭中国革命；它最后主张对中国东北实行所谓"国际共管"，建立一个名义属于中国的东三省自治政府，中日两国武装退出这一地区，由中日双方代表和中立国视察员共同组成顾问会议，决定重大问题，这一地区的武装力量由外国教官指挥的特别宪警承担。这就表明，英国控制的国联调查团企图以"国际共管"下的共同瓜分东北，来取代日本独占东北的局面。

国联调查团报告书公布后，立即遭到中国人民的强烈反对。1932年10月6日，中国共产党领导的苏维埃临时中央政府发表了《反对国联调查团报告书通电》，揭露"李顿报告书公开的最无耻的宣布了瓜分中国的新计划"，号召"全国的民众武装起来，在苏维埃政府的领导之下，以革命的民族战争来撕碎李顿的报告书"。但是，蒋介石国民党政府表示"同意"国联报告书，并指令出席国联的中国代表表示原则接受。国民党政府不惜出卖民族利益，接受东北"国际共管"原则，微妙地反映了它和英美以及日本之间的关系。它既代表英美帝国主义的利益，不愿日本独占东北，又急于和日本妥协，以便集中力量贯彻"攘外必先安内"的反动政策。

1932年12月12日，国联成立19国委员会，负责起草有关李顿报告书的决议案和说明书。大多数国家的代表主持正义，同情中国，经过一番努力，使报告书中列入了不应侵犯中国领土主权，"满洲主权"属于中国，不承认"满洲国"等条款。1933年2月24日，19国报告书在国联大会以42票赞成，日本1票反对得以通过。但是，这个报告书不过是一纸空文，对日本毫无约束力。就在国联讨论报告书的过程中，日本开始从东北向关内侵略。1933年1月3日攻占山海关，3

月4日攻占承德，开始入侵华北。到3月27日，日本正式宣布退出国联，肆无忌惮地扩大对中国的侵略。

1937年7月7日，日本悍然发动卢沟桥事变，开始全面侵华战争。7~8月间，国民党政府向19国公约缔约国和国际联盟控诉日本的侵略行径。9月12日，中国代表顾维钧要求国联制裁日本。9月21日，"远东咨询委员会"受国联理事会委托，开会讨论日本侵华事件，通过了谴责日本侵略的决议，要求各国对于中国给以道义上的支持。

1937年11月3日，国联19国在布鲁塞尔开会，讨论日本侵华问题。会上，中国代表顾维钧再次要求对日本进行经济制裁，停止向它提供贷款和军用物资，呼吁对中国予以军事援助。尽管日本侵华损害了大多数与会国家的利益，尤其是英、美等国在亚洲地区的利益，但他们出于各自的战略考虑和利害关系，都不愿主持正义制裁日本。美国国务卿赫尔明确表示，由60个国家组成的国际联盟都不去制裁日本，美国当然也不能单独去承担这个责任。英国外交大臣安东尼·艾登也一再表示，没有美国的充分合作，英国就不能在远东采取任何行动。由于英美两国互相推诿责任，使会议未能通过对日制裁协议，只于11月24日发表了一个空洞的宣言，要求中日双方停止敌对行动，通过和平协商解决争端，随即宣布暂时休会。

英美的绥靖政策使日本更加肆无忌惮地扩大侵华战争。布鲁塞尔会议结束不久，日本军队便没收了英美等国控制的上海、天津海关的全部船只。1937年12

月间，英国军舰和商船在南京、芜湖多次遭到日本飞机轰炸。但是，在太平洋战争爆发前的两年中，英国等仍然奉行绥靖政策，一再企图以牺牲中国利益，来换取对日妥协，保护他们在远东的利益。这就是英美等国积极推行的"远东慕尼黑"阴谋。

自从 1938 年 9 月英法等国出卖捷克斯洛伐克，与德国签订慕尼黑协定后，英国政府就准备在中国推行这一政策。这一动态正好被日本所利用。1938 年 11 月，日本首相近卫文麿政府发表"调整日华关系"声明，对蒋介石政府作出诱降姿态。这时，英国立即予以配合。1938 年 6 月底，英国外交副大臣巴特勒表示，英国愿意单独或同其他国家协力，调停中日问题。12 月，英国驻华大使卡尔由上海到重庆进行活动，和蒋介石会谈了 7 次，并访问了国民党政府要员。事后他在香港对日本人表示："假使日本和中国两方面都能自动地接近，那时英国很愿作一个调停者。"1939 年初，英美报纸大量散布关于召开太平洋国际会议，以解决"中日冲突"的消息。4 月，卡尔再次从上海到重庆活动，劝说国民党政府对日妥协。蒋介石集团对此表示响应，并在报刊上公开宣传"拥护召开太平洋国际会议"，"太平洋国际会议是有益于中国的，这不是什么慕尼黑，这是复兴中国的步骤"，等等。

1939 年 7 月，为了解决天津英租界问题，英国驻日大使克莱琪和日本外相有田八郎在东京举行谈判。24 日，英日签订了《有田—克莱琪协定》。英国表示"完全承认"战争状态下的"中国之实际局势"，并表示对抗击日本侵略中国的一切行动，"英政府均无意加以赞助"。9月初，天津的英军开始撤离。9月20日，香港政府通知各中文报馆，不得称日本为敌人，亦不得以"某国"或"×国"暗指日本。9月28日，日军进入天津英租界搜捕反日人士。但是，由于日本和英美等国的矛盾无法真正协调，同时由于1939年9月欧战爆发，英国在远东地位被大大削弱，所谓的"太平洋国际会议"也宣告流产。

但是，远东慕尼黑活动并未停止。欧战爆发后，英美企图利用德意日三国的内部矛盾，拆散东京—柏林轴心，贿买日本。1940年5月，英国违反中立原则，与日本成立共管中国政府在天津租界所存白银的协定；7月，英日订立关于封闭滇缅公路的协定，3个月内，禁止武器、弹药及铁道材料经缅甸运往中国；英国还在上海公共租界问题上作了让步，于10月至12月撤退了大部分驻华英国军队。然而，英国等所采取的绥靖政策到头来是搬起石头砸了自己的脚，1941年12月8日太平洋战争爆发，继而日军先后占领了英占之香港及所属马来亚、缅甸等地，并把进攻矛头指向印度。在这种形势下，英美等国才对日宣战，绥靖政策宣告彻底破产。

2　抗战期间的中英军事合作

太平洋战争爆发后，英美等国开始重视并利用中国在远东的战略地位，并相继与中国谈判签订新约。

1942 年 10 月 28 日，英国驻华大使薛穆同国民政府外交部长宋子文举行谈判，1943 年 1 月 11 日，双方签署了《中英关于取消英国在华治外法权及其有关特权条约》。这个条约规定：英国废除在华治外法权；取消1901 年《辛丑条约》给予英国的一切权利；交还英国在华租界；英国放弃在华特权，等等。但是，这个条约没有能就收回香港问题达成一致。

抗战期间，日本占领中国东南沿海地区后，国民党政府撤退至西南地区，中国与国际间的海路交通已不能利用本国港口，需要沟通云南到缅甸港口仰光的滇缅公路，使之成为中国西南地区对外交通的大动脉。1940 年 10 月，英国同意开放滇缅公路，中英两国军事代表团共商保全缅甸的军事计划。中国军事考察团前往缅甸、印度和马来亚考察，广泛搜集了这些国家的经济、政治和军事资料，撰写了 30 万字的报告书，提出了中英共同防御的计划草案。但是，日军于 1941 年12 月在马来半岛登陆后，又由泰国进攻缅甸，威胁印度。一旦日本占领印度，轴心国日本、德国就有可能实现在中东的会师。因此，1941 年 12 月 23 日，中英两国政府签订了《中英共同防御滇缅路协定》，蒋介石提议派遣中国军队去缅甸，但英国担心中国出兵影响它的"威信"，犹豫不决。直到 3 月间，日军攻占仰光，滇缅路被切断，英国才不得不同意中国军队进入缅甸。1942 年 3 月 12 日，也就是仰光失守的第四天，正式成立了"中国远征军第一路司令长官部"，动员总兵力 10 万人。其实，英国并不希望中英并肩与日军作战，更不是为了保全仰光海口，它是利用中国军队来掩护英军安全撤退，以保存实力，防守印度。1942 年 3 月，中国远征军第二〇〇师在师长戴安澜将军的带领下，克服重重困难，于 7 日抵达同古，9 日接收英军防务完毕并推进到皮尤河，与追击英军的日本军队发生激战，击退了敌人，掩护了英军撤退。3 月下旬，远征军二〇〇师又与日军第六十五军团在同古城激战，双方伤亡惨重，均无进展。远征军在完成了掩护英军撤退的任务后，主动撤离了同古。但是，英国驻缅军队在大敌当前毫无斗志，一与日军接触，即行溃退。4 月 13 日，英军提出要求中国远征军在英军方面沙斯瓦、唐德文伊、马格威接防，掩护英军撤退。4 月 17 日，英军在仁安羌的第一师和装甲第七旅约 7000 人被日军包围，束手无策。4 月 18 日，中国远征军新三十八师主力进至乔克巴当，第一一三团孙继光部星夜用汽车输送到前线，与日军激战两昼夜，歼敌 1200 余人，将日军击退，英军全部解围。远征军的战绩，轰动了英国朝野，新三十八师师长孙立人和团长孙继光均因此获得英国政府颁发的勋章。但是，英军解围后，却没有与中国军队协同作战，而是单独逃进印度境内。中国远征军陷入孤军作战之中，由于指挥失当，又听信了英军的错误情报，退路被日军切断，被迫进入野人山原始森林地带。森林中潮湿异常，蚊虫蚂蟥成群，破伤风、疟疾、回归热等传染病流行，加上日军追击，中国远征军伤亡惨重，沿途尸骨遍野。到 8 月初，中国远征军先后退入印度和滇西集结，但是这支出征时

10 万人的队伍此时只剩下 4 万人左右。

1943 年初，国民政府重新组编中国远征军，分为两个部分。原退入印度的部分部队后改称为"中国驻印军总指挥部"，简称"中国驻印军"；另一部分部队退至中国境内怒江东岸，连同以后新增补的部队，到1943 年春重新成立"中国远征军司令长官部"。这两支部队的任务就是打通滇缅路。

1944 年初，第二次世界大战的局势逆转，盟军加强对日作战。中国驻印军越过印缅山区，攻克丁高、沙坎、孟关等地。滇西的中国远征军从云南分兵两路，强渡怒江，进入高黎贡山区，与中国驻印军形成对日军东西夹击的钳形攻势。6 月，中国驻印军攻占卡盟，又与英军协同作战攻克孟拱。8 月，中国驻印军与英军G 字团联合攻占缅北重镇密支那。10 月，中国驻印军又攻克八莫和南坎。至此，盟军掌握了缅北战场的主动权。到 1945 年，中国军队乘胜进击，1 月 27 日，中国驻印军和中国远征军在畹町会师，随即挥师南下，中印公路完全打通。此时，日军兵败菲律宾，放弃缅甸，滇缅公路再度通车，来自海外的大批物资源源不断地运到了中国西南大后方。

中国远征军入缅作战，为中国的抗日战争和世界反法西斯战争作出了贡献。

③ 香港的陷落和英国重占香港

1938 年 10 月，日军占领广州，香港处于日军的直接威胁之下。1940 年 7 月，日军开始进行攻占香港的军事部署。因为当时香港具有十分重要的战略地位，占领香港就可以切断从香港到大陆的海上供应线。但是，港英当局奉行英国政府的绥靖主义政策，宣布对中日战争保持中立，因而没有采取积极应战的准备措施。

1941 年 12 月 8 日，日军在偷袭珍珠港的同一天，向香港发动了军事进攻。当时，日军和英国香港守军力量悬殊，加上英军毫无防备，又疏于训练，因而根本无法抵挡日军的强大进攻。从 12 月 8 日到 13 日仅 5 天，日军就全部占领九龙半岛，并隔海炮轰香港岛。18 日，日军开始渡海强攻，英军无力抵抗，节节败退。1941 年 12 月 25 日，港督杨慕琦渡海到九龙半岛日军指挥部，向日军司令酒井投降。至此，香港地区全部沦陷。

香港沦陷后，当地人民群众奋起抗击日寇。1941 年 12 月间，中国共产党东江抗日游击队先后派出几批武工队打入香港，开辟港九游击区，成立港九独立大队，进行游击战争，大小战斗上百次，给日本侵略者以沉重打击。港九独立大队除了抗击日寇外，还在港九地区收集情报，除奸反特，肃清土匪，收缴英军遗留武器物资，广泛深入开展抗日宣传，取得了十分出色的成绩。港九独立大队的英勇抗日斗争，为中国战后收回香港创造了十分有利的条件。

中国的坚持抗战，对世界反法西斯战争作出了贡献，中国在远东战区的战略作用，已不能被盟军所忽视。太平洋战争后，美国政府面临欧亚两线作战的局面，迫切需要中国对日本的牵制。为了达到这个目的，美国开始批评英国不将香港归还中国的做法。甚至在英国，也有一些人士主张"有条件地"把香港归还中国。但是，英国政府中以丘吉尔、艾登等为首的决策人物反对这一主张，因此在1942年的中英谈判新约期间，英国始终不答应归还香港。

太平洋战争中，英国在香港一败涂地，弃地投降，但是它却坚持在战后重占香港。1943年11月22日至26日，中、美、英三国首脑举行开罗会议，蒋介石提出战后收回香港，并得到美国总统罗斯福的支持。但是英国首相丘吉尔明确表示："战争结束时，我们并不要求给自己增加领土，同样，我们也不打算放弃任何领土。"1944年6月6日，就在英美联军诺曼底登陆的当天，英国议员阿斯特就在议会辩论中公开声称，英国政府应当发表一项宣言，明确表示英国要重新占领香港。1945年，美国驻华大使赫尔利于4月5日在伦敦劝说丘吉尔，要求英国放弃控制香港，以迫使苏联放弃控制大连，但丘吉尔断然拒绝，宣称"决不会放弃英国旗帜下的一寸领土"。同年7月，英国大选后新上台的工党政府，在香港问题上依然奉行丘吉尔重占香港的政策。

英国为了实施重占香港的方针，于1944年初成立了一个"香港计划小组"，负责筹划重占香港及重建香港殖民机构事宜。同时，英国政府还利用1942年5月成立的英军服务团为其重占香港效力。在日本投降前后，英国政府指示英军服务团积极配合香港计划小组的工作，将英国人员渗入香港，与被囚禁的前港英政府官员联系，协助重建英国殖民政权。

日本投降前夕，英国政府决定不理会中国，首先占领香港。1945年8月11日和13日，英国外交大臣贝文两次电告英国驻华大使，命令他通知被囚禁的前香港辅政金逊，授权其立即恢复英国在香港的行政机构，行使政府管理职权，直到英国海军抵达香港成立军政府为止。金逊接到通知后，立即采取行动，召集前英军军官开会，重返市区，成立临时政府，而由日军继续维持治安。与此同时，英国政府又通过盟国东南亚战区最高统帅蒙巴顿，命令英国太平洋舰队海军少将夏悫率舰开赴香港，实行对香港的重新占领，接受驻港日军投降并组建军政府。

1945年8月15日，日本天皇裕仁宣布日本无条件投降。中日双方在驻港日军的受降问题上发生了严重争执。蒋介石坚持认为：香港在中国战区以内，应由中国战区最高统帅，即他本人或他指定的人员受降；而英国则坚持其在香港地区"拥有主权"，应由英国海军司令前去受降。

中英双方在香港受降权的争端发生后，都希望得到美国的支持。但是，第二次世界大战结束后，美苏之间展开了激烈的争夺，其重点在欧洲。因而，美国十分需要得到其欧洲盟国英国的支持，不愿在香港问题上得罪英国。因此，美国总统杜鲁门向英国首相艾德礼表示，尊重英国的既得利益，并"正式接受英国人对香港前景的立场"。杜鲁门还通知美国海陆军总司令和国防部长："香港已明确划在中国战区之外。"蒋介石在得知美国的态度后，致电杜鲁门表示：驻港日军应向中国的军事代表投降，英国和美国均可派代表参加受降仪式。日军投降后，再由中国战区最高司令授权英军登陆重占香港。但是杜鲁门答复说，美国认为香港日军的投降，只是一件军事性质的问题，至于英国在香港的主权是不容置疑的，他奉劝蒋介石在香港同英国人实行"军事合作"。面对美国的压力，蒋介石被迫让步，他表示愿意以中国战区最高统帅的名义，"授权一名英国军官代表我去接受香港日军的投降"。但是，英国人自恃得到美国的支持，对这一让步条件也不接受。他们直接告诉蒋介石，英国政府已指定英国海军少将夏悫为香港受降官。在这种情况下，蒋介石大为恼怒，他向杜鲁门强硬地表示，不管英国接受与否，他将以中国战区最高统帅的身份，任命夏悫为他的受降代表。与此同时，蒋介石也做了必要的军事准备。1945 年 8 月 18 日，他任命第二方面军司令张发奎为接收广州、海南、香港的受降官。张发奎立即命令第十三军从广西苍梧地区沿西江南下，以主力配置于广九铁路沿线，以一部推进香港，监视日军及受降。8 月 30 日，何应钦又指示张发奎派孙立人为广州、香港、九龙受降官，令第十三军协助新一军接收香港、九龙。蒋介石的强硬立场迫使英国也作出了一定让步，最后英国外交部建议由夏悫代表英国政府和中国战区最高统帅蒋介石受降，蒋介石这才表示同意。

1945 年 8 月 30 日，夏悫率领英国皇家海军特遣舰队进入香港海域。9 月 1 日，夏悫以香港英军总司令和军政府首脑身份宣布成立军政府，取代了金逊为首的临时政府。9 月 16 日，夏悫以代表英国政府和中国战区最高统帅的身份，接受驻港日军的投降。1946 年 5 月 1 日，被日军囚禁 3 年 8 个月的前港督杨慕琦重任港督，恢复了文官政府，香港又被置于英国的殖民统治之下。

在中英就香港受降权问题交涉期间，国民党集结大军于九龙附近，收复香港并非难事。况且全国人民包括香港同胞都支持收复香港。但是蒋介石政府当时急欲调兵到东北抢占地盘，发动全面内战。因此不愿与英国发生武装冲突，没有乘抗战胜利之机收复香港，致使英国侵占香港的历史又延长了下来。

抗战胜利后，中国人民爱国热情空前高涨，要求收回香港的呼声逐日提高，1946 年 9 月 20 日《大公报》社论指出，"香港是南京条约的产物，保持原状，即中国第一个国耻尚未洗刷的象征"。蒋介石也认为应该通过谈判收回香港。1946 年 6 月 13 日，蒋介石向即将离任的英国驻华大使薛穆表示，香港问题一天不解决，中英关系就不可能建立在相互信任的基础之上。他认为可以找到一个保障各方面利益的解决办法。6 月 27 日，中国驻英大使顾维钧又向英国外交副大臣诺埃尔贝表示，中国希望与英国进行谈判，以便早日解决香港问题。在中国一再提出香港问题的情况下，英国政府经研究，于 1946 年 11 月 26 日，由外交部和殖民部共同抛出了一份名为《香港的前景》的备忘录。备忘录中说：英国不应主动提出同中国谈判香港问题。如果中国政府要求谈判，则英国应以目前中国政治局势不稳定为理由，予以拒绝。如果局势已稳定，英国无从推托，则在谈判中可同意移交香港主权给中国，而英国取得租用权。在租借期内，香港现行制度保持不变，英国在港的利益不受任何影响。这样中国仅得到一个名义上的主权。备忘录还指出，也可以采取另一种方案，即英国交还新界，而继续占领香港和九龙。但交还新界时应迫使中国同意：①将新界的部分领土以及岛屿割让给英国，组成"新九龙"；②中英共同管理香港的供水系统。

1946 年 6 月底，蒋介石悍然发动了全面内战，叫嚣"三个月消灭共产党"，就再也没有同英国交涉收回香港的问题。

1948 年至 1949 年间，蒋介石发动的内战遭到了可耻的失败，中国人民解放军开始进入战略反攻。这种急剧变化的形势，又使英国政府为香港的前景感到焦虑。1948 年 12 月 24 日，港督葛量洪请求英国殖民部增援香港，以防止中国人民解放军进攻香港。这样，英国政府从东南亚调兵增强香港防务，香港驻军增至 3 万多人。1949 年 3 月，港府又拨款 2600 万港元作为防务开支。这时，中英之间又发生了"紫石英号事件"。

1949 年 4 月，国民党在大陆的统治已分崩离析，美、法等国军舰眼看蒋介石政权大势已去，都悄悄驶出中国水面，但英国军舰仍停泊在南京长江水面，为南岸国民党守军助威，并寻机挑衅。4月20日，英国军舰"紫石英"号闯入长江，解放军当即鸣炮示警，让它离开战场。但是，英舰反而溯江而上，开炮轰击北岸解放军阵地，双方发生激烈炮战。此后英军又有3艘军舰加入炮战，均被解放军炮火击退。双方发生战斗共48小时，英方伤亡94人，失踪103人，而解放军亦伤亡252人。这一事件并不能阻挡住中国人民解放军解放全国的滚滚洪流，4月21日，百万雄师横渡长江，一举攻克南京，摧垮了国民党的反动统治。

"紫石英号事件"发生后，4月26日，英国保守党领袖丘吉尔声称，解放军反击英舰挑衅的行为是"暴行"，要求政府"派一两艘航空母舰到中国海上去实行武力报复"，英国首相艾德礼宣称："英国航空母舰有合法权益在长江行驶，执行和平使命。"4月30日，中国人民解放军发言人李涛将军发表声明，严正指出长江是中国内河，英国军舰无权进入。"中国人民解放军有理由要求英国政府承认错误，并执行道歉和赔偿。"5月间，中英双方就此事件进行了交涉。中国人民解放军镇江前线司令部代表同"紫石英"号舰长接触时，要求英方首先承认侵犯中国内河和中国军队阵地，道歉并赔偿损失，然后再讨论英舰驶离问题。但英方只承认军舰误入前线地带，以致引起误会，不愿道歉和赔偿。在谈判期间，英国挟持一艘"江陵解放"号客轮，在它的掩护下"紫石英"号逃出了长江。

"紫石英号事件"的发生及中国人民解放军的态度，使英国政府更加害怕解放军以武力收回香港。5月

26 日，艾德礼召开内阁会议，讨论中国共产党对香港可能采取的态度，以及英国应作出的反应。英国内阁认为，如果英国人被从香港赶走，这将使英国在全世界威信扫地，并给东南亚英国殖民地的解放运动带来深刻影响。因此，英国应努力增强香港防务，防止解放军进攻。为此，英国内阁批准了国防部拟定的香港防务方案。5 月 27 日，艾德礼致电英联邦各国首脑，希望能得到这些国家对英国的"道义上"和物质上的支持。但除了新西兰以外，其他英联邦国家反应冷漠。这说明英国企图维护对香港的殖民统治是不得人心的。中国人民解放军在解放了中国大陆全境后，并没有采用武力手段收回香港。中国政府和中国人民都希望通过和平方式与英国共同解决香港问题。

八 中英关系的新里程

1 中英关系的新转折

1949 年 10 月 1 日，中华人民共和国成立，中国人民从此站立起来了。中国自鸦片战争以来 100 的年受奴役、受压迫的屈辱历史一去不复返了。中国共产党领导下的中央人民政府在内政外交上都确立了崭新原则，中外关系的发展进入了一个新的阶段。

新中国成立初期，中国政府对外政策的基本原则是：保障本国独立、自由和领土主权的完整，拥护国际的持久和平和各国人民之间的友好合作，反对帝国主义的侵略政策和战争政策。中国外交的首要任务，就是要求把政治上自主而不容任何外来干涉，经济上自主而不依赖外援作为中国观察国际问题、决定外交政策、处理外交关系的基本出发点，创建新型的外交。当时，中国制定了同外国建立外交关系的三条原则，即与台湾当局断交、支持新中国恢复在联合国的合法地位、尊重中国主权。新中国成立以后的中英关系，也是基于上述原则开展的。

面对新诞生的人民中国，英国确有许多与之发展相互关系的理由。首先，英国在中国仍有10亿多美元的庞大投资，并且面对着5亿人口这个大市场的诱惑；其次，中国革命的胜利不可逆转，英国应采取现实主义的外交政策；再次，与中国建立外交关系有利于保护英国在东南亚及香港的巨大利益。因此，从1949年9月底开始，英国就多次发出愿与中国进行接触的信号。1950年1月6日，英国外交大臣贝尔致函中国外交部长周恩来，表示承认新中国，并愿意在平等互利及互相尊重领土主权的基础上建立外交关系。但是，英国政府仍与美国一起坚持"反对共产主义的长期目标"，继续保持与台湾当局的关系。1月9日，周恩来表示中国愿与英国建立外交关系，并就建交问题进行谈判。3月2日，中英建交谈判开始，但英国始终未能澄清对台湾当局的态度，为谈判的开展设置障碍，中英建交因此未能有所进展。

1950年6月25日，朝鲜战争爆发，英国伙同美国一道，对中国采取了一系列敌对措施，中英关系由对话转向对抗，直至1953年7月27日，朝鲜停战协议签订。事实说明，无论是经济封锁还是武力威胁，都不可能扼杀新生的人民中国。朝鲜战争后，英国又企图同中国接近，改善两国关系。

1954年4月26日，日内瓦国际会议召开。会上，中英两国外长周恩来和艾登多次接触，取得了积极的成果。6月11日，英国政府批准向中国出售数千种非战略性物资，包括制造轻型卡车的装备及橡胶制品。6

月 15 日，英国首相丘吉尔在下院宣布，即将发表有关英中外交关系的声明。6 月 16 日，周恩来和艾登举行会谈。6 月 17 日，中英双方同时发表建立代办级外交关系的消息，并互派了代办。英国朝野一致热烈欢迎中英关系的改善，把它视为日内瓦会议的一项积极成果。中国政府也对中英关系的改善表示欢迎，1954 年 8 月，周恩来总理在外交政策的报告中指出："（中英关系）这种改进，将有助于我国和西方国家建立正常关系的可能性的增长。"

中英关系的改善促进了两国贸易的发展。新中国成立后，以美国为首的西方大国对中国实行经济封锁，英国也参与"巴黎统筹委员会"，对中国实行禁运，致使中英贸易大幅度下降。1950 年英国从中国进口总额为 1000 万英镑，1951 年为 775 万英镑，1952 年只有 300 万英镑；英国对华出口总额 1953 年只相当于 1938 年的 25%。中英贸易的下降固然对中国不利，对英国本身的经济也产生不良影响。因此，英国一些贸易团体和人士要求放松对华禁运，扩大双边贸易。当中国开始实行国民经济发展第一个五年计划时，英国商人提出了要求发展对华贸易的呼吁。1953 年 6 月，英国 15 家厂商组成贸易代表团访华，同中国签订了一项贷款额达 1500 万英镑的贸易计划。1954 年日内瓦会议期间，英国政界、工商界一些人士专程赴瑞士与中国代表团商谈发展中英贸易问题。当年 6～7 月，中国贸易代表团应邀访问了英国。英国民间贸易团体也自发成立了英中贸易协会。发展中英贸易已成为不可阻挡的潮流。与此同时，英国政府在放松对华"禁运"方面也做了种种努力。1956 年 6 月初，英国废除了马来亚向中国出售橡胶的禁令，当年，英国对华出口额比上年增加近 50%。1958 年 8 月，英国决定取消对华贸易的特别限额，宣布减少 40% 的禁运物资项目，又使当年英国对华出口额比上年增加了 1 倍多。到 1964 年，英国在北京举办机械工业和科学仪器展销会，并向中国出口大批汽车、货轮和民航客机等，使中英贸易进入了一个新阶段。

但是，中英两国的政治关系却长期停滞不前。主要障碍在于英国在台湾问题上奉行两面性的政策，一方面宣布要与中国发展友好关系，另一方面又继续保持与台湾的关系。由于英国政府奉行"两个中国"的政策，致使中英关系的发展障碍重重。1954 年 4 月，台湾特务在停留香港启德机场的中国包租客机"克什米尔公主"号上放置定时炸弹，致使飞机在飞行途中爆炸，机上出席亚非会议的部分中越工作人员和中外记者遇难。事后，港英当局纵容凶犯逃脱。1956 年 1 月，台湾战斗机为逃避中国空军的追歼，降落在香港机场，港英当局又先后将驾驶员和飞机送往台湾。1956 年 10 月，九龙国民党特务滋事，又得到港英当局的包庇和纵容。这一系列事件引起了中方对英方的严正交涉，也使双方关系趋于低潮。

1958 年 1 月，周恩来总理在会见路透社记者时明确指出：中国重视发展中英两国关系，但决不容忍英国追随美国制造"两个中国"，如果英国不改变对待中国的两面态度，将不可避免地对中英关系产生不利影响。

② 中英关系正常化的步伐

由于英国长期以来奉行两面外交政策，对中国既承认，又敌视，在中印边界争端、印度支那战争等涉及中国安全问题上，均持不友好立场。尤其是英国长期以来不肯明确承认中华人民共和国是中国唯一合法的政府，台湾是中国的一个省，追随美国搞"两个中国"，阻挠中国恢复在联合国的合法地位，从而影响了中英关系的发展。1960 年 5 月，毛泽东主席在会见来访的英国蒙哥马利元帅时再次明确指出，只要英国支持中国恢复在联合国的合法地位，改变同台湾的关系，中英两国就可以正式建交，并互派大使。

但是，由于来自英方的阻力，日内瓦会议以后的 6 年多，英国对华关系不是变好了，而是变坏了。1966年"文化大革命"开始后，中英关系曾降至低谷，直到 1970 年左右，双方才又开始新的接触。特别是 70 年代开始，中国进入了与西欧多国关系大发展的时期。所有西方国家在与中国建交时，都承认中华人民共和国是中国唯一合法政府，台湾是中国领土不可分割的一部分。但是直到 1970 年为止，英国政府对台湾问题的立场依然没有变化，它在联合国大会上既投票支持恢复中华人民共和国的合法权利，又继续支持美国等国反对以简单多数通过中国席位问题。这种立场当然是中国政府所无法接受的。英国政府也觉得，继续这种两面政策对英国本身并无好处，于是在 1971 年向中国政府表示愿意撤销英国在台湾淡水的领事馆，并且改变对中国恢复在联合国合法席位的态度，希望就两国关系升格问题进行谈判。

1971 年中英两国在北京就建立大使级外交关系举行谈判。双方主要讨论三个问题：中国在联合国的代表权问题；英国在台湾淡水的领事馆问题；台湾的地位问题。

正当中英双方进行正式建交谈判的时候，1971 年 7 月 16 日，世界各大通讯社转发了美国总统国家安全事务助理基辛格博士访华公告，以及尼克松总统将应邀访华的消息。在中美两国即将改善关系这种形势影响下，1971 年 10 月 25 日，在联合国全体会议上，英国政府终于改变了自 1961 年以来的立场，投票支持中国恢复在联合国的合法地位。10 月 26 日，英国外交部发表声明："我们欢迎大会使北京取得席位的决定。我们需要中国在谋求解决联合国所面临的许多问题时作出贡献。"

1972 年 3 月 13 日，中英两国经过谈判，签署了建立大使级外交关系的《联合公报》。公报确认互相尊重主权和领土完整、互不干涉内政和平等互利的原则，决定将驻对方首都的外交代表由代办升格为大使。英国政府承认中华人民共和国是中国唯一合法政府，承认中国政府关于台湾是中华人民共和国一个省的立场，并决定于 3 月 13 日撤销英国在台湾的官方代表机构。

1972 年 3 月 30 日，首任英国驻华大使约翰·艾惕斯向中华人民共和国代主席董必武递交了国书。同年 7 月，中国首任驻英大使宋之光向英国女王伊丽莎白二世递交了国书。中英正式建交标志着两国关系进入了一个新的阶段。

但是，中英之间还有历史遗留下来的香港问题尚未解决，这个悬而未决的问题始终给双方关系的进一步发展投下了阴影，毫无疑问，只有扫除这个障碍，中英两国关系才能得到顺利的发展。

3 香港回归祖国怀抱

1945 年抗日战争胜利，香港光复，英国重占香港。其后，港英当局实行对香港的军事管制，采取了一系列措施稳定社会秩序，使香港经济逐步得到恢复和发展。到 1947 年，香港人口发展到 180 万人，进出口总值达 27.67 亿元，1948 年又达到 36.6 亿元，1949 年则超过了 50 亿元。香港又重新恢复了它作为东方与欧美之间的转口港地位。与此同时，战后的香港又开始从转口贸易港向工业化城市转变。从抗战胜利到 1950 年，大批资金、技术、劳动力流入香港，英国和英联邦国家给予香港以特惠关税待遇，1953 年起，美国也允许香港产品输入，并逐步成为香港最大的出口市场。这一切大大促进了香港工业迅速发展。

1965 年至 1974 年间，是香港经济稳步发展，取得较大成就的时代。到 1974 年全港注册的工厂 3 万多家，工业就业人数 60 多万人，出口总值 229 亿元，进口总值 341 亿元，年发电量 592 万千瓦，年旅游人数 130 万人次，银行存款 300 亿元，资产总值 530 多亿元，人均年收入 8000 多元。这些成绩，为香港进入经济腾飞时代打下了很好的基础。到 80 年代，香港经济突飞猛进，成为"亚洲四小龙"之一，特别是进出口贸易又比 70 年代增长 10 倍以上。香港对外贸易的主要对象为中国内地、台湾地区及美国、日本、德国、英国和韩国。特别是 80 年代以来，中国内地大力实行改革开放政策，与香港地区的经济合作和贸易往来大大增加，据香港有关部门统计，到 1988 年，香港从中国内地进口总值达 1556 亿港元，转口贸易总值 949 亿港元，均居首位，香港对中国内地出口 380 亿港元，居第二。这说明中国内地与香港之间经济关系日益密切。中国内地对香港的经济发展和社会稳定给予了很多帮助，离开内地的支持，香港将难以维持。中国内地每年以优惠价格供应香港大量主副食品、日用品、原料、燃料、用水等。中国内地提供的石油占香港进口石油总量的 30% 左右，供应香港约一半的副食品，保证了香港充足的淡水供应，使香港的生产和生活得以正常运转，社会保持基本稳定。

据统计：90 年代前期香港 90% 的原材料依靠进口，而超过 90% 的产品又出口世界各国。香港的商品 95% 是进口或从 100 多个国家和地区进口原材料加工而成的。1994 年香港的对外贸易总值达 3100 多亿美元，仅在美国、欧共体、日本、加拿大之后，居世界第五位。香港更是一个国际金融中心，到 1994 年底，153 家外国银行在香港设有分行，数量之多居世界各大城市第四位、亚洲第一位。每天香港黄金市场和外汇市场的成交量分别居世界第四位和第六位。香港还是世界航运中心之一，1994 年处理标准集装箱 1120 万个，居世界各大港口之首。香港又是一个旅游中心，1994 年接待旅游人数 900 万人次。香港是一颗璀璨的东方明珠。

香港从来就是中国不可分割的领土，虽然被英国以三个不平等条约所侵占，并实行殖民统治长达一个半世纪之久，但是根据国际法规定，通过非正义战争手段侵占别国领土，或用武力威胁迫使别国缔约，都是非法的、无效的。中华人民共和国成立之后，中国政府坚决不承认一切帝国主义国家与以往中国反动政府签订的不平等条约。中国的一贯立场是，香港问题是历史遗留问题，待时机成熟时，中英双方应通过和平协商，采取适当的方法和步骤，由中国政府收回香港。70 年代末，收回香港、澳门，消除殖民主义在中国的最后痕迹，已经提到中国政府的议事日程上来了。1978 年 12 月中国共产党十一届三中全会，把"统一祖国"列为 80 年代三件大事之一。毫无疑问，解决香港问题是其中一项主要内容。

80 年代初，中国政府提出了"一个国家、两种制度"，实现中国统一大业的伟大构想。这一构想照顾到历史与现状，对各有关方面的利益也都充分考虑。1982 年 4 月，中国政府颁布了宪法修改草案，在其总纲中规定："国家在必要时设立特别行政区，在特别行政区内实行的制度按照具体情况由法律规定。"1982年6月，邓小平同志在会见香港的全国人大代表和全国政协委员时表示：中国政府解决香港问题的原则是："收回主权、稳定繁荣"，具体做法是："一个国家、两种制度"，以及"港人治港"，等等。同年7月16日，全国人大常委会委员长彭真发表公开讲话，谈到要在香港设立特别行政区，并且指出：我们要尊重历史，尊重现实，展望未来。中国政府已经形成了解决香港问题的具体方案。中英双方也由此开始进行了解决香港问题的外交交涉。

1982年9月22日，英国首相撒切尔夫人访华，与邓小平等中国领导人就解决香港问题举行了会谈。邓小平明确指出，关于香港的主权问题，中国在这个问题上没有回旋余地。1997年中国收回香港，要收回的不仅是新界，而且包括香港岛、九龙。如果1997年中国不能收回香港，"就意味着中国政府是晚清政府，中国领导人是李鸿章！"那时候，"人民就没有理由信任我们，任何中国政府都应该下野，自动退出政治舞台，没有别的选择"。从1983年7月12日到1984年9月18日，中英两国代表举行了极其艰苦的22轮谈判。到1984年1月，英国方面在一些重大问题上的态度有所转变。1984年9月26日，中英双方在北京草签了《关于香港问题的联合声明》以及三个附件，即《中华人民共和国对香港的基本方针政策的具体说明》、《关于中英联合联络小组事宜的若干规定》、《关于土地契约问题的规定》。

1984 年 12 月 19 日，中英两国在北京举行《联合声明》签字仪式，中国总理和英国首相撒切尔夫人分别代表本国政府签了字。两国政府首脑都对这个《联合声明》给予了高度评价。1985 年 2 月 27 日和 3 月 28 日，英国国会两院分别批准了中英关于解决香港问题的《联合声明》。4 月 10 日，中国全国人大常委会也批准了《联合声明》。5 月 27 日，中英双方在北京互换了批准书。这表明中英协议已经生效，香港从此进入过渡时期。

中英两国通过谈判解决香港问题，在全世界引起了巨大反响，成为国际事务中和平解决国与国争端的楷模。当时的联合国秘书长佩雷斯·德奎利亚尔指出：中英协议是中英两国政治家风度的又一体现，"在紧张和对抗不幸地笼罩着世界的许多地区的时候，对香港未来地位的谈判取得成功，将毫无疑问地被认为是在当前国际关系中有效的、静悄悄外交的一次突出的范例"。

1985 年 7 月 1 日，中华人民共和国香港特别行政区基本法起草委员会首次全体会议在北京人民大会堂举行，此后经过全体委员将近 5 年的共同努力，在中国政府和包括香港同胞在内的全体中国人民的支持下，《香港特别行政区基本法》于 1990 年 4 月由全国人大常委会正式颁布。这标志着 1997 年香港回归祖国之后，继续保持繁荣发展和社会稳定有了坚实的法律保证，中国政府提出的"一国两制"的伟大构想通过法律形式得到充分反映。1986 年 10 月，英国女皇伊丽莎白二世应邀访问中国，受到中国领导人邓小平等的热情接待，中英两国关系朝着积极的方向发展。

但是，英国国内和国际上的一小撮反华分子顽固地坚持其早已过时的殖民主义立场，在香港问题上不断制造事端，设置障碍，破坏香港的顺利过渡。1992 年 7 月 10 日，新任香港总督彭定康到任。3 个月后，他抛出了所谓的"政改方案"，公然与《香港特别行政区基本法》唱反调。彭定康的"政改方案"，违背了《中英联合声明》、《香港基本法》和中英已达成的有关谅解，挑起了中英两国的争端。这场争论的关键在于，彭定康迫不及待地把英式民主制移植到香港，扶持亲英势力，使之接掌香港权力，以便保持英国对香港的控制和影响。

彭定康的方案公布后，中国政府强烈反对。从 1993 年 4 月至 11 月，中英两国政府代表举行了 17 轮谈判，但未能取得共识，谈判中断。随后，彭定康又于 1993 年 12 月 10 日抛出了"第一阶段政制法案"，并于 12 月 15 日提交立法局。对此，中国政府"严正重申，根据《中英联合声明》的规定，英国对香港的行政管理到 1997 年 6 月 30 日为止，中国政府于 1997 年 7 月 1 日对香港恢复行使主权。作为香港政制架构的组成部分，即港英最后一届区议会、两个市政局和立法局，必将随英国管治期的结束而终结。从 1997 年 7 月 1 日起，香港特别行政区政制架构将依据中国全国人大的决定和《基本法》的有关规定予以组建。"

1993 年 7 月，全国人大常委会成立香港特别行政区筹委会预备工作委员会。1996 年 1 月 26 日，香港特别行政区筹备委员会成立，香港特别行政区的各项筹备工作由此进入具体实施阶段。1996 年 12 月 11 日，由 400 名香港永久性居民组成的香港特别行政区推选委员会投票选举特区第一任行政长官，董建华以 320 票当选。这是香港历史上第一次由港人自己推选最高行政长官，是"港人治港"原则的重要体现。

在筹建香港特别行政区的同时，中英双方通过谈判，在关系香港民生和发展的问题上，尤其在一些跨越 1997 年的大型基建项目方面，例如新机场及有关工程的建设，达成了多项协议，对保证香港的长期稳定繁荣起到了积极作用。

1997 年 6 月 30 日午夜至 7 月 1 日凌晨，中英两国香港交接仪式在香港会议展览中心举行。中国国家主席江泽民、国务院总理李鹏和英国的查尔斯王子、首相布莱尔等与 4000 多名中外来宾出席。6 月 30 日 23 时 59 分，英国国旗和香港旗在英国国歌乐曲声中缓缓降落。7 月 1 日零时整，中国国旗和香港特别行政区区旗在中华人民共和国国歌乐曲声中徐徐升起，江泽民郑重宣布中国对香港恢复行使主权。

1997 年 7 月 1 日 1 时 30 分，香港特别行政区政府宣告成立，特别行政区行政长官董建华、特别行政区政府主要官员、行政会议成员、临时立法会议员、终审法院和高等法院法官依次宣誓就职。

东方明珠香港终于回到祖国的怀抱，这是任何人都无法改变的事实，更是包括香港同胞在内的全体爱国的中国人民的共同心愿！

香港回归祖国使中英关系了结了一个半世纪前那场英国侵华的不光彩的交涉，使中英关系奠定在一个全新的基础上。它必将为中英两国人民所欢迎！

参考书目

1. 萧致治、杨卫东编《鸦片战争前中西关系纪事（1517～1840）》，湖北人民出版社，1986。

2. 王绳祖著《中英关系史论丛》，人民出版社，1981。

3. 朱宗玉、杨元华、窦晖著《从香港割让到女王访华——中英关系1840～1986》，福建人民出版社，1990。

4. 牟安世著《鸦片战争》，上海人民出版社，1982。

5. 蒋孟引著《第二次鸦片战争》，三联书店，1965。

6. 汪敬虞著《19世纪西方资本主义对中国的经济侵略》，人民出版社，1983。

7. 佘素著《清季英国侵略西藏史》，世界知识出版社，1959。

8. 金应熙主编《香港史话》，广东人民出版社，1987。

9. 陈诗启著《中国近代海关史问题初探》，中国展望出版社，1987。

10. 余绳武、刘存宽主编《十九世纪的香港》，中华书局，1994。

《中国史话》总目录

系列名	序号	书 名	作 者
物质文明系列（10种）	1	农业科技史话	李根蟠
	2	水利史话	郭松义
	3	蚕桑丝绸史话	刘克祥
	4	棉麻纺织史话	刘克祥
	5	火器史话	王育成
	6	造纸史话	张大伟　曹江红
	7	印刷史话	罗仲辉
	8	矿冶史话	唐际根
	9	医学史话	朱建平　黄　健
	10	计量史话	关增建
物化历史系列（28种）	11	长江史话	卫家雄　华林甫
	12	黄河史话	辛德勇
	13	运河史话	付崇兰
	14	长城史话	叶小燕
	15	城市史话	付崇兰
	16	七大古都史话	李遇春　陈良伟
	17	民居建筑史话	白云翔
	18	宫殿建筑史话	杨鸿勋
	19	故宫史话	姜舜源

系列名	序号	书名	作者
物化历史系列（28种）	20	园林史话	杨鸿勋
	21	圆明园史话	吴伯娅
	22	石窟寺史话	常　青
	23	古塔史话	刘祚臣
	24	寺观史话	陈可畏
	25	陵寝史话	刘庆柱　李毓芳
	26	敦煌史话	杨宝玉
	27	孔庙史话	曲英杰
	28	甲骨文史话	张利军
	29	金文史话	杜　勇　周宝宏
	30	石器史话	李宗山
	31	石刻史话	赵　超
	32	古玉史话	卢兆荫
	33	青铜器史话	曹淑芹　殷玮璋
	34	简牍史话	王子今　赵宠亮
	35	陶瓷史话	谢端琚　马文宽
	36	玻璃器史话	安家瑶
	37	家具史话	李宗山
	38	文房四宝史话	李雪梅　安久亮

系列名	序号	书 名	作 者
制度、名物与史事沿革系列（20种）	39	中国早期国家史话	王 和
	40	中华民族史话	陈琳国 陈 群
	41	官制史话	谢保成
	42	宰相史话	刘晖春
	43	监察史话	王 正
	44	科举史话	李尚英
	45	状元史话	宋元强
	46	学校史话	樊克政
	47	书院史话	樊克政
	48	赋役制度史话	徐东升
	49	军制史话	刘昭祥 王晓卫
	50	兵器史话	杨 毅 杨 泓
	51	名战史话	黄朴民
	52	屯田史话	张印栋
	53	商业史话	吴 慧
	54	货币史话	刘精诚 李祖德
	55	宫廷政治史话	任士英
	56	变法史话	王子今
	57	和亲史话	宋 超
	58	海疆开发史话	安 京

系列名	序号	书　名	作　者
交通与交流系列（13种）	59	丝绸之路史话	孟凡人
	60	海上丝路史话	杜　瑜
	61	漕运史话	江太新　苏金玉
	62	驿道史话	王子今
	63	旅行史话	黄石林
	64	航海史话	王　杰　李宝民　王　莉
	65	交通工具史话	郑若葵
	66	中西交流史话	张国刚
	67	满汉文化交流史话	定宜庄
	68	汉藏文化交流史话	刘　忠
	69	蒙藏文化交流史话	丁守璞　杨恩洪
	70	中日文化交流史话	冯佐哲
	71	中国阿拉伯文化交流史话	宋　岘
思想学术系列（21种）	72	文明起源史话	杜金鹏　焦天龙
	73	汉字史话	郭小武
	74	天文学史话	冯　时
	75	地理学史话	杜　瑜
	76	儒家史话	孙开泰
	77	法家史话	孙开泰
	78	兵家史话	王晓卫

系列名	序号	书 名	作 者
思想学术系列（21种）	79	玄学史话	张齐明
	80	道教史话	王 卡
	81	佛教史话	魏道儒
	82	中国基督教史话	王美秀
	83	民间信仰史话	侯 杰
	84	训诂学史话	周信炎
	85	帛书史话	陈松长
	86	四书五经史话	黄鸿春
	87	史学史话	谢保成
	88	哲学史话	谷 方
	89	方志史话	卫家雄
	90	考古学史话	朱乃诚
	91	物理学史话	王 冰
	92	地图史话	朱玲玲
文学艺术系列（8种）	93	书法史话	朱守道
	94	绘画史话	李福顺
	95	诗歌史话	陶文鹏
	96	散文史话	郑永晓
	97	音韵史话	张惠英
	98	戏曲史话	王卫民
	99	小说史话	周中明　吴家荣
	100	杂技史话	崔乐泉

系列名	序号	书名	作者
社会风俗系列（13种）	101	宗族史话	冯尔康　阎爱民
	102	家庭史话	张国刚
	103	婚姻史话	张　涛　项永琴
	104	礼俗史话	王贵民
	105	节俗史话	韩养民　郭兴文
	106	饮食史话	王仁湘
	107	饮茶史话	王仁湘　杨焕新
	108	饮酒史话	袁立泽
	109	服饰史话	赵连赏
	110	体育史话	崔乐泉
	111	养生史话	罗时铭
	112	收藏史话	李雪梅
	113	丧葬史话	张捷夫
近代政治史系列（28种）	114	鸦片战争史话	朱谐汉
	115	太平天国史话	张远鹏
	116	洋务运动史话	丁贤俊
	117	甲午战争史话	寇　伟
	118	戊戌维新运动史话	刘悦斌
	119	义和团史话	卞修跃
	120	辛亥革命史话	张海鹏　邓红洲

系列名	序 号	书 名	作 者
近代政治史系列（28种）	121	五四运动史话	常丕军
	122	北洋政府史话	潘 荣　魏又行
	123	国民政府史话	郑则民
	124	十年内战史话	贾 维
	125	中华苏维埃史话	温 锐　刘 强
	126	西安事变史话	李义彬
	127	抗日战争史话	荣维木
	128	陕甘宁边区政府史话	刘东社　刘全娥
	129	解放战争史话	汪朝光
	130	革命根据地史话	马洪武　王明生
	131	中国人民解放军史话	荣维木
	132	宪政史话	徐辉琪　傅建成
	133	工人运动史话	唐玉良　高爱娣
	134	农民运动史话	方之光　龚 云
	135	青年运动史话	郭贵儒
	136	妇女运动史话	刘 红　刘光永
	137	土地改革史话	董志凯　陈廷煊
	138	买办史话	潘君祥　顾柏荣
	139	四大家族史话	江绍贞
	140	汪伪政权史话	闻少华
	141	伪满洲国史话	齐福霖

系列名	序号	书　名	作　者
近代经济生活系列（17种）	142	人口史话	姜　涛
	143	禁烟史话	王宏斌
	144	海关史话	陈霞飞　蔡渭洲
	145	铁路史话	龚　云
	146	矿业史话	纪　辛
	147	航运史话	张后铨
	148	邮政史话	修晓波
	149	金融史话	陈争平
	150	通货膨胀史话	郑起东
	151	外债史话	陈争平
	152	商会史话	虞和平
	153	农业改进史话	章　楷
	154	民族工业发展史话	徐建生
	155	灾荒史话	刘仰东　夏明方
	156	流民史话	池子华
	157	秘密社会史话	刘才赋
	158	旗人史话	刘小萌
近代中外关系系列（13种）	159	西洋器物传入中国史话	隋元芬
	160	中外不平等条约史话	李育民
	161	开埠史话	杜　语
	162	教案史话	夏春涛
	163	中英关系史话	孙　庆
	164	中法关系史话	葛夫平

系列名	序号	书　名	作　者
近代中外关系系列（13种）	165	中德关系史话	杜继东
	166	中日关系史话	王建朗
	167	中美关系史话	陶文钊
	168	中俄关系史话	薛衔天
	169	中苏关系史话	黄纪莲
	170	华侨史话	陈　民　任贵祥
	171	华工史话	董丛林
近代精神文化系列（18种）	172	政治思想史话	朱志敏
	173	伦理道德史话	马　勇
	174	启蒙思潮史话	彭平一
	175	三民主义史话	贺　渊
	176	社会主义思潮史话	张　武　张艳国　喻承久
	177	无政府主义思潮史话	汤庭芬
	178	教育史话	朱从兵
	179	大学史话	金以林
	180	留学史话	刘志强　张学继
	181	法制史话	李　力
	182	报刊史话	李仲明
	183	出版史话	刘俐娜
	184	科学技术史话	姜　超

系列名	序号	书 名	作 者
近代精神文化系列（18种）	185	翻译史话	王晓丹
	186	美术史话	龚产兴
	187	音乐史话	梁茂春
	188	电影史话	孙立峰
	189	话剧史话	梁淑安
近代区域文化系列（11种）	190	北京史话	果鸿孝
	191	上海史话	马学强　宋钻友
	192	天津史话	罗澍伟
	193	广州史话	张　磊　张　苹
	194	武汉史话	皮明庥　郑自来
	195	重庆史话	隗瀛涛　沈松平
	196	新疆史话	王建民
	197	西藏史话	徐志民
	198	香港史话	刘蜀永
	199	澳门史话	邓开颂　陆晓敏　杨仁飞
	200	台湾史话	程朝云

《中国史话》主要编辑
出版发行人

总 策 划　谢寿光　　王　正

执行策划　杨　群　　徐思彦　　宋月华

　　　　　　梁艳玲　　刘晖春　　张国春

统　 筹　黄　丹　　宋淑洁

设计总监　孙元明

市场推广　蔡继辉　　刘德顺　　李丽丽

责任印制　郭　妍　　岳　阳